KB087263

세종 한국문화 1

발간사

세종학당은 세계 곳곳에서 한국어를 가르치고 한국문화를 알리며 '세계 속의 작은 한국'의 역할을 하고자 노력하고 있습니다. 2017년은 세종학당이 10돌을 맞이하는 뜻깊은 해이기도 합니다. 2007년 3개국 13개소로 출발하였던 세종학당은 현재 전 세계 58개국 174개소에서 세계인과 만나고 있습니다. 세종학당에서는 세계 어디서나 동일한 수준의 교육 서비스를 받을 수 있도록 표준화된 한국어 교육과정을 운영하고, 한국 정부에서 발급하는 공식 자격증을 소지한 전문성 있는 교원이 친절하게 세종학당에서 한국어와 한국문화를 알리고 있습니다.

현재 세계 각국에서는 케이팝, 한국 드라마 등 한국의 대중문화가 외국인들의 호기심을 자극하고 있으며, 이를 통해 한국에 관심을 갖게 된 이들이 세계 각지 세종학당의 문을 두드리고 있습니다. 재단에서는 이러한 외국인들의 한국문화에 대한 갈증을 해소해 주기 위하여 오랜 시간의 준비 끝에, 삶의 지혜가 담긴 한국의 전통문화와 역동적으로 살아 숨 쉬는 한국의 현대문화가 골고루 담긴 〈세종한국문화 1〉을 발간하게 되었습니다.

낯선 문화를 처음 접하면 누구나 크고 작은 문화 충격을 겪을 수 있습니다. 그러나 그 단계를 넘어서 낯선 문화와의 만남이 오해나 선입견이 아닌 즐겁고 재미있는 기억으로 남으려면 그 문화에 대한 이해가 필요합니다. 〈세종한국문화 1〉은 문화상호주의에 기반하여 집필되었습니다. 한국문화에 익숙하지 않은 독자들은 한국문화를 자문화와 다양한 관점에서 비교해 보기도 하고, 조금은 낯설지만 교재에 나온 한국문화를 체험해 보면서 자연스럽게 한국을 이해하게 될 것입니다.

저는 이 교재를 통해 한국과 한국문화를 접하는 외국인들이 한국문화를 알고 즐기는 기쁨을 느낄 수 있기를 바랍니다. 세계 속의 작은 한국 세종학당을 통해 전 세계에 한국어와 한국문화가 꽃 피워 나갈 수 있도록 여러분들의 많은 격려와 조언도 부탁드립니다.

끝으로 〈세종한국문화 1〉 출판에 많은 도움을 주신 여러 선생님께 감사의 말씀을 전합니다. 배재대학교 박석준 교수님 외 집필에 참여해 주신 모든 집필진과 좋은 교재가 나올 수 있도록 좋은 의견을 내 주셨던 감수진, 자문진에게도 감사드립니다. 지난 1년간 시범 강좌를 운영하며 현장의 다양한 의견을 전해 주신 세종학당 관계자분들께도 감사드리며, 마지막으로 이 책이 출간되기까지 힘을 써 주신 ㈜다락원 관계자 분들께도 감사의 인사를 드립니다.

2017년 4월

세종학당재단 이사장 송향근

머리말

오늘날 전 세계에서 한국어와 한국문화에 대한 관심이 증대해 가고 있음을 온몸으로 체감할 수 있습니다. 특히 세종학당재단 설립 이후 세계 곳곳에 세종학당이 세워져 한국어 교육과 문화 교류를 담당하게 되면서 한국어로 이루어지는 상호 문화 교류의 물살이 더욱 세차지고 있습니다.

이러한 때에 한국에 대해 관심을 가지는 세계인들이 알고 싶어 하는 한국문화, 알려 주어야 할 한국문화란 도대체 무엇이고 어떻게 전달해야 하는가에 대해 고민하지 않을 수 없었습니다. 때마침 세종학당재단에서 한국문화 교재 발간을 기획하게 되면서 이러한 고민을 현실화시켜 문화 교육의 실재를 구현할 기회를 가지게 된 것을 더없이 뜻깊게 생각합니다.

본 〈세종한국문화〉는 〈세종한국어〉에서 다루고 있는 문화 항목을 기반으로 하여 기존의 한국어 교육 시스템 안에서 문화 교육이 가능할 수 있도록 하였습니다. 하지만 언어 교육의 한 부분에 지나지 않았던 문화 부문을 실제성 있는 문화 교육 영역으로 확대하고 전문화함으로써, 전 세계 학습자가 알고자 하는 한국문화, 한국 이해와 한국어 학습에 중요한 기반이 되는 한국문화를 학습자 언어 역량에 맞게 개발하고자 하였습니다. 이를 위해 한국인의 삶을 구성하는 한국문화를 범주화하여 가능한 한 다양한 면모를 구성적으로 제시하기 위한 문화 항목의 모듈화를 도모하였습니다. 이러한 과정을 통해 좀 더 현실적이고 다양한 문화 내용을 구성하는 것이 가능해졌습니다.

이번 〈세종한국문화 1〉는 문화 교육을 위한 하나의 교재 이상의 의미가 있다고 생각합니다. 본 교재를 통해 흔히 한국문화라고 하면 떠올리게 되는 전통문화만이 한국문화 전부가 아니라 한국인의 삶의 근저를 구성하고 있는 다양한 면모들이 모두 한국문화임을 분명히 하게 될 것입니다. 또한 한국인의 삶을 세계 속에서 공감 받게 하는 것이 문화 교육임을 알리는 계기가 될 수 있을 것입니다.

새롭게 시도하는 이러한 작업이 가능할 수 있도록 적극적으로 지원해 주신 세종학당재단 송향근 이사장님과 관계자 여러분에게 깊은 감사를 드립니다. 또한 새로운 시도를 위해 기꺼이 연구와 토론, 집필에 노력과 시간을 아끼지 않으신 연구진 모두와 ㈜다락원 관계자들에게도 감사의 말씀을 드립니다.

이 〈세종한국문화 1〉를 통해 전 세계에서 상호 문화 이해의 저변이 넓어질 수 있기를 기원합니다.

2017년 4월

연구·개발진을 대표하여

박석준

✲ 구성

〈세종한국문화 1〉는 세종학당 수강생의 한국어 의사소통 능력을 향상시키고 한국문화에 대한 이해를 확대하는 데에 필요한 한국문화의 내용을 문화상호주의에 기반하여 수준별로 제시함으로써 한국문화 수업이 가능하도록 설계되었습니다. 〈세종한국어 1, 2〉에 제시된 한국문화 주제 8개를 각각 단원의 대주제로 삼아, 각 문화 주제의 기본 내용을 알기 쉽게 제시하고, 흥미로운 세부 주제와 활동을 통해 문화 내용을 보충·확장하였으며, 한국문화에 대한 깊이 있는 이해까지 가능하도록 심화한 내용을 넣어 총 8개 단원을 구성하였습니다.

✲ 단원의 내용 구성

각 단원은 '들어가기, 바로 알기, 두루 알기, 깊이 알기, 정리하기'의 5단계로 구성되어 있습니다.

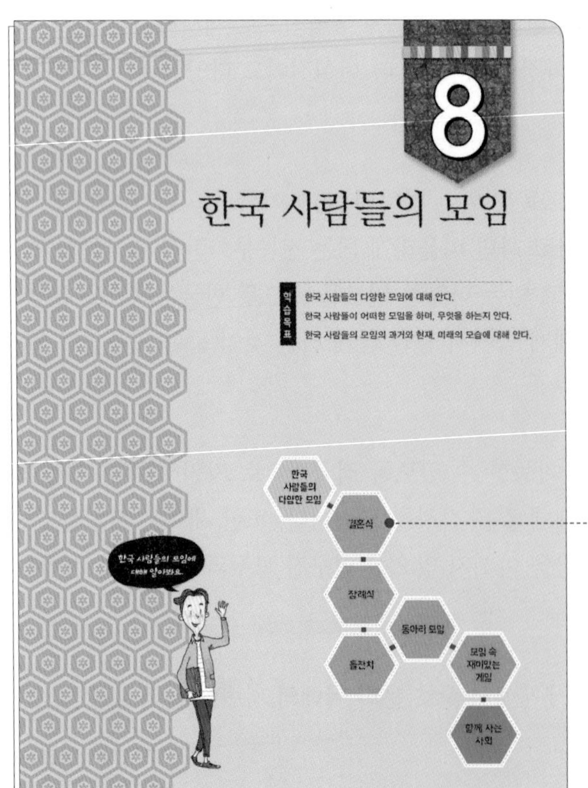

들어가기

단원의 제목 및 해당 단원 전체를 아우르는 학습 목표를 제시하였습니다.

각 유형에서 학습하게 될 내용을 맵(map)으로 제시하여 단원 전체를 확인할 수 있도록 구성하였습니다.

바로 알기

한국 사람들의 다양한 모임

한국 사람들의 모임에 대해 알아봐요.

- 회식

- 동창회

- 반상회

126 세종한국문화 1

바로 알기

단원의 대주제에서 다룰 수 있는 다양한 소주제를 소개하는 방향으로 내용을 구성하였습니다.

학습자의 관심을 유도할 수 있도록 캐릭터를 통한 내용 소개 및 설명, 사진 속 말풍선 사용, 만화 등 다양한 방식으로 내용을 제시하였습니다.

학습자가 자기 주도적으로 한국문화를 이해할 수 있도록 질문을 구성하였습니다. 또한 다양한 유형의 매체를 사용하여 학습자 스스로 해당 문화에 대해 추측하고 자신의 생각을 말할 수 있도록 내용을 구성하였습니다.

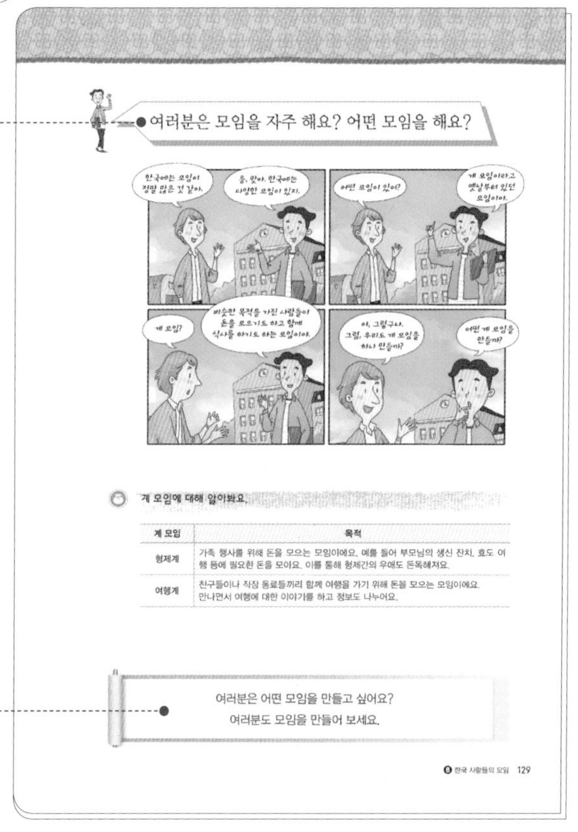

여러분은 모임을 자주 해요? 어떤 모임을 해요?

계 모임에 대해 알아봐요.

계 모임	목적
형제계	가족 행사를 위해 돈을 모으는 모임이에요. 예를 들어 부모님의 생신 잔치, 효도 여행 등에 필요한 돈을 모아요. 이를 통해 형제간의 우애도 돈독해져요.
여행계	친구들이나 직장 동료들끼리 함께 여행을 가기 위해 돈을 모으는 모임이에요. 만나면서 여행에 대한 이야기를 하고 정보도 나누어요.

여러분은 어떤 모임을 만들고 싶어요?
여러분도 모임을 만들어 보세요.

8 한국 사람들의 모임 129

상호주의적인 관점에서 한국문화와 자국의 문화를 비교하여 설명할 수 있도록 질문을 구성하여, 한국문화와 자국 문화의 유사점과 차이점을 이해할 수 있도록 하였습니다.

일러두기

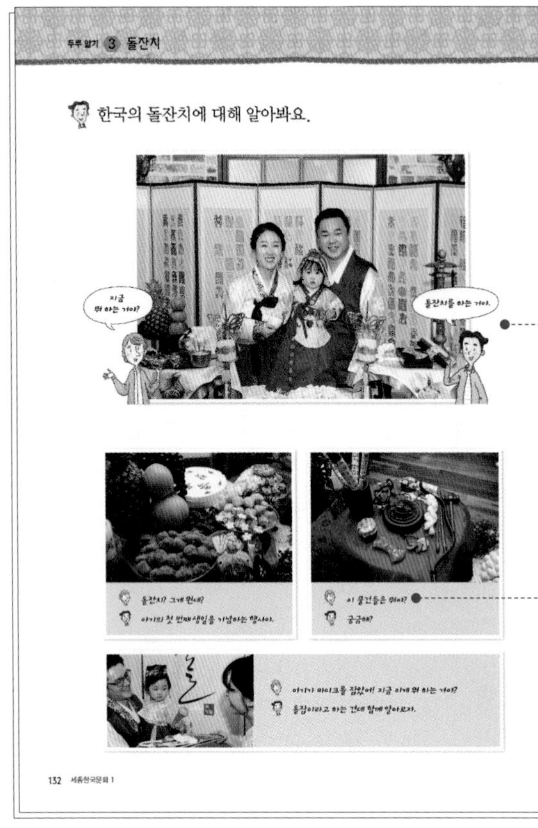

두루 알기 3 돌잔치
한국의 돌잔치에 대해 알아봐요.
132 세종한국문화 1

두루 알기

단원의 대주제를 보충·확장할 수 있는 다양한 소주제로 내용을 구성하였습니다.

단원을 대표하는 캐릭터를 설정하여 해당 캐릭터가 '두루 알기' 전반을 이끌어 가는 방식을 통해 스토리텔링적 접근을 시도하였습니다.

학습자의 관심을 유도할 수 있도록 만화, 광고, 팸플릿, 노래, 게임 등 다양한 매체를 활용하였습니다.

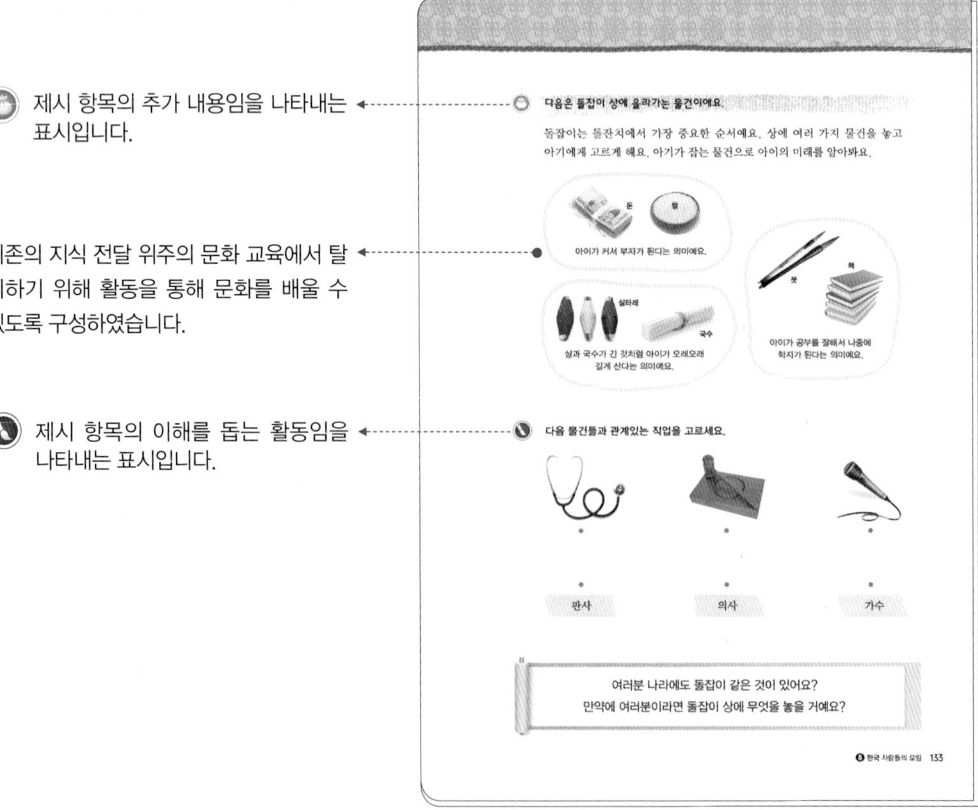

다음은 돌잡이 상에 올라가는 물건이에요.
돌잡이는 돌잔치에서 가장 중요한 순서예요. 상에 여러 가지 물건을 놓고 아기에게 고르게 해요. 아기가 잡는 물건으로 아이의 미래를 알아봐요.
돈
쌀
아이가 커서 부자가 된다는 의미예요.
실타래
국수
실과 국수가 긴 것처럼 아이가 오래오래 길게 산다는 의미예요.
붓
책
아이가 공부를 잘해서 나중에 학자가 된다는 의미예요.
다음 물건들과 관계있는 직업을 고르세요.
판사
의사
가수
여러분 나라에도 돌잡이 같은 것이 있어요?
만약에 여러분이라면 돌잡이 상에 무엇을 놓을 거예요?
6 한국 사람들의 모임 133

제시 항목의 추가 내용임을 나타내는 표시입니다.

기존의 지식 전달 위주의 문화 교육에서 탈피하기 위해 활동을 통해 문화를 배울 수 있도록 구성하였습니다.

제시 항목의 이해를 돕는 활동임을 나타내는 표시입니다.

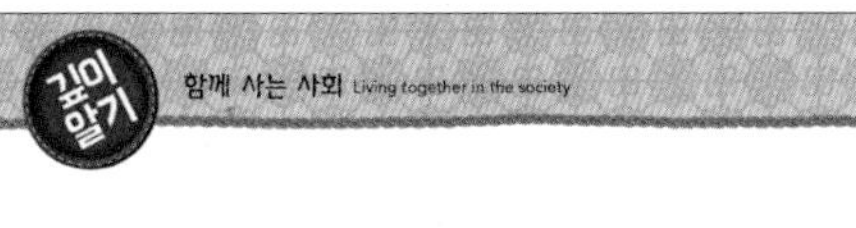

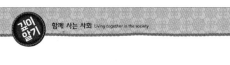

인간 사회는 공동체를 중심으로 발달해 왔다. 한국 역시 다르지 않은데 특히 한국 사람들은 모이는 것을 매우 중요하게 여겨 옛날부터 다양한 모임을 즐겨 왔다. 혈연을 중심으로 하는 혈연 공동체부터 지역을 근거로 한 지역 공동체, 이 외에도 모임의 목적에 따른 다양한 공동체가 존재한다. 한국 사람들은 왜 이렇게 다양한 공동체를 형성하며 살고 있을까?

Human society has developed around communities. Koreans, likewise, have enjoyed social gatherings for generations, especially since they set importance on coming together. There are a wide range of communities based on kinship, region, and purpose. Why do Korean people form and live among such diverse communities?

쌀을 주식으로 하는 한국에서는 쌀농사가 매우 중요한 일이었다. 그런데 쌀농사는 많은 노동력을 필요로 하기 때문에 여러 사람들이 함께 도와야 했다. 이러한 이유 때문에 한국에서는 모임을 중시하는 사회 분위기가 생겨났다. 전통적인 사회에서는 농사를 돕기 위한 모임들이 많았다. 그 중 대표적인 것이 두레와 품앗이이다. 두레란 많은 노동력을 필요로 하는 일을 할 때, 여러 사람들이 힘을 합쳐 함께 일을 할 수 있도록 만든 일종의 노동 조직이다. 품앗이는 바쁠 때 일을 서로 도와주는 노동 방식을 말한다.

Since Koreans live on rice, rice farming was highly important in Korea. As cultivating rice is labor-intensive, it was necessary for farmers in a community to help each other. For this reason, Korean society came to value gathering together. There were lots of agricultural communities in traditional society, and *Dure* and *Pumasi* are two typical examples of such organizations. *Dure* is a term for a labor union in which people join forces for work that requires a lot of manpower, and *Pumasi* refers to the labor method of helping each other in busy situations.

136 세종한국문화 1

깊이 알기

해당 단원의 대주제를 깊이 알 수 있는 심화 단계로 구성하였습니다.

한국 고유의 정신 문화를 엿볼 수 있는 내용으로 구성하는 것을 원칙으로 하였으며, 단원의 주제에 따라 과거부터 현재까지의 문화 양상을 소개하였습니다.

번역을 염두에 두고 내용을 구성했기 때문에 한국어 수준을 제한하지 않았으며, 영문 번역을 함께 제시하였습니다.

정리하기

해당 단원에서 학습한 내용을 다시 한 번 확인할 수 있는 다양한 유형의 문항으로 구성하였습니다.

OX형, 선다형, 연결형, 단답형, 서술형 등 다양한 형식의 문항을 단원의 특성에 맞게 선택적으로 구성하였습니다.

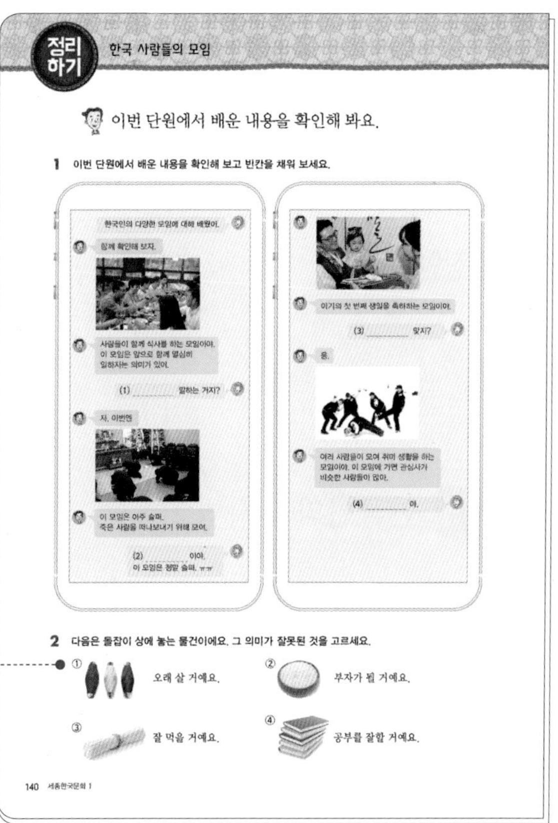
정리하기 한국 사람들의 모임

이번 단원에서 배운 내용을 확인해 봐요.

1 이번 단원에서 배운 내용을 확인해 보고 빈칸을 채워 보세요.

한국인의 다양한 모임에 대해 배웠어.
함께 확인해 보자.
사람들이 함께 식사를 하는 모임이야. 이 모임은 앞으로 함께 열심히 일하자는 의미가 있어.
(1) ________ 말하는 거지?
자, 이번엔
이 모임은 아주 슬퍼. 죽은 사람을 떠나보내기 위해 모여.
(2) ________ 이야. 이 모임은 정말 슬퍼. ㅠㅠ

아기의 첫 번째 생일을 축하하는 모임이야.
(3) ________ 맞지?
응.
여러 사람들이 모여 취미 생활을 하는 모임이야. 이 모임에 가면 관심사가 비슷한 사람들이 많아.
(4) ________ 야.

2 다음은 돌잡이 상에 놓는 물건이에요. 그 의미가 잘못된 것을 고르세요.

① 오래 살 거예요.
② 부자가 될 거예요.
③ 잘 먹을 거예요.
④ 공부를 잘할 거예요.

140 세종한국문화 1

차례

부록

내용 구성표

단원	제목	바로 알기	두루 알기	깊이 알기
1	한국인의 인사법	한국인의 다양한 인사	1. 재미있는 인사말 2. 전통 인사(절) – 남자 편 3. 전통 인사(절) – 여자 편 4. 특별한 날의 인사 5. 나라별 인사법	한국인의 인사
2	한국의 화폐	한국 화폐의 종류와 가치	1. 다양한 결제 방식 2. 물가와 생활비 3. 한국에서 쇼핑하기	화폐의 변천 및 화폐 속 인물과 사물
3	한국의 사계절	한국의 사계절	1. 계절을 지내는 방법 I 2. 계절을 지내는 방법 II 3. 계절별 지역 축제 4. 기후와 가옥	한국의 24절기
4	한국인의 주말 활동	한국인의 주말 활동	1. 실내 활동 I 2. 실내 활동 II 3. 야외 활동 I 4. 야외 활동 II	한국인의 여가와 주말, 어제와 오늘

단원	제목	바로 알기	두루 알기	깊이 알기
5	한국 음식	한국의 다양한 음식	1. 길거리 음식 2. 배달 음식 3. 건강을 위한 음식 4. 한국 음식 만들기 5. 한국의 식사 예절	자연이 완성해 내는 한국의 발효 음식
6	한국의 대중교통	한국의 대중교통 수단	1. 대중교통 이용하기 2. 환승 3. 한국 버스, 지하철 좌석의 종류 4. 지하철 노선도와 서울의 주요 장소	교통수단의 어제와 오늘, 그리고 미래
7	한국의 여행지	한국의 대표적인 여행지	1. 서울 2. 부산 3. 제주도 4. 전주 5. 경주	한국의 세계유산
8	한국 사람들의 모임	한국인들의 다양한 모임	1. 결혼식 2. 장례식 3. 돌잔치 4. 동아리 모임 5. 모임 속 재미있는 게임	함께 사는 사회

등장인물 소개

나(김민수)
나이: 23세
직업: 대학생

여동생(김지수)
나이: 18세
직업: 고등학생

친구(마르코)
나이: 23세(아르헨티나)
직업: 대학생(교환 학생)

엄마(이미선)
나이: 48세
직업: 요리 연구가

아빠(김병진)
나이: 52세
직업: 회사원

할아버지(김인수)
나이: 76세
직업: 전 역사 교사

할머니(박순이)
나이: 72세
직업: 한복 연구가

1

한국인의 인사법

학습목표

한국의 인사말과 인사 예절을 알고 수행할 수 있다.

한국인의 다양한 인사법을 구분해서 사용할 수 있다.

특별한 상황에서 하는 인사에 대해 안다.

한국인의 다양한 인사

한국인의 여러 인사법에 대해 알아봐요.

한국 사람들이 어떻게 인사해요?

한국 사람들은 다음 상황에서 어떻게 인사할까요?

● 친구를 만났을 때

● 직장 동료를 만났을 때

● 어른을 만났을 때

한국 사람들은 다음 상황에서 어떻게 인사할까요?

자기 전과 일어났을 때

식사할 때

외출할 때와 집에 돌아왔을 때

배웅할 때

여러분의 나라에서는 어떻게 인사해요? 이야기해 봐요.

친구를 만났을 때
한국
(   )
손을 흔들며 인사해요.
(   )
어른을 만났을 때
허리를 굽혀 인사해요.
(   )

여러분들은 어떻게 인사해요?

	한국	( )
식사할 때	"잘 먹겠습니다."	
아침에 일어났을 때	"안녕히 주무셨어요?"	
외출할 때	"다녀오겠습니다."	

1 재미있는 인사말

다음은 한국 사람들이 자주 쓰는 재미있는 인사말이에요.

선물을 받았을 때, 한국 사람들은 "뭘 이런 걸 다……."라고 고마움을 표현해요.

전화를 끊을 때, 한국 사람들은 "네. 그럼, 들어가세요."라고 인사해요.

아직 결혼하지 않은 사람들에게 "국수 언제 먹여 줄 거야?"라고 말해요.

헤어질 때, 한국 사람들은 "언제 밥 한번 먹자."라고 인사해요.

중요한 날을 앞둔 사람들에게 "좋은 꿈 꿨어?"라고 물어요.

식사 초대한 손님에게 음식을 드리며 "차린 것은 없지만 많이 드세요." 라고 말해요.

여러분이 아는 재미있는 인사말이 있어요?
뭐라고 해요? 언제 해요?

남자가 '절'을 하는 방법을 알아볼까요?

❶ 왼손이 위로 가도록 하여 손을 모은다.

❷ 손을 가슴 높이로 올린다. 그리고 왼발을 뒤로 빼면서 허리를 굽히며 손을 바닥에 짚는다.

❸ 이때 왼발은 아래로, 오른발은 위로 올라오게 모은다. 팔꿈치를 바닥에 붙이고 이마를 손등에 댄다.

❹ 왼쪽 무릎을 먼저 세우고 일어선 다음에 고개를 숙여 인사한다.

한국 남자처럼 절해 보세요.

여자가 '절'을 하는 방법을 알아볼까요?

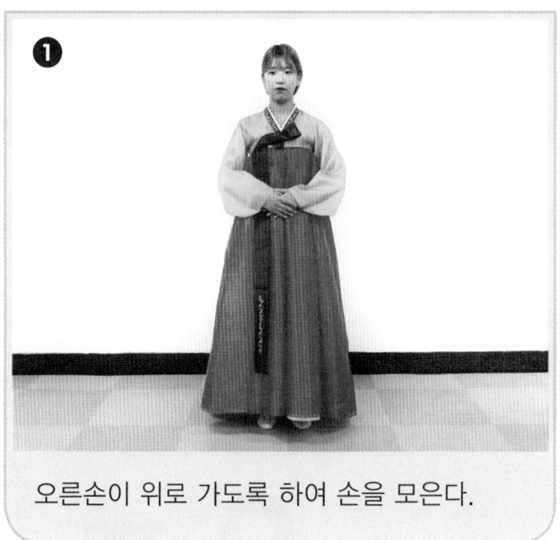

❶ 오른손이 위로 가도록 하여 손을 모은다.

❷ 손을 어깨 높이로 올린 후, 머리를 숙여 이마를 손등에 붙인다.

❸ 왼쪽 무릎을 먼저 꿇고 오른쪽 무릎을 왼쪽 무릎과 가지런히 붙이며 꿇는다. 그 다음에 엉덩이를 낮게 내리고 앉는다.

❹ 윗몸을 45도 앞으로 굽힌 후 잠시 있다가 윗몸을 일으킨다. 그 다음에 오른쪽 무릎을 먼저 세우고 일어난다. 일어난 후 손을 내리고 고개를 숙여 인사한다.

한국 여자처럼 절해 보세요.

특별한 날에는 어떤 인사말을 할까요?

● 새해

새해 복 많이 받으세요.
올해도 좋은 일만 있기를
바랄게요.

● 결혼식

결혼을 진심으로
축하해요.
행복하게 사세요.

● 생일

생일 축하해요.
(생신이나 회갑 또는
칠순에 어른께는) 건강하게
오래오래 사세요.

● 입학식·졸업식

입학 축하해!
졸업 축하해!

여러분 나라에는 어떤 특별한 날이 있어요? 어떻게 인사를 해요?

세계 곳곳의 다양한 인사법에 대해 알아볼까요?

여러분이 알고 있는 다른 나라의 독특한 인사법을 이야기해 보세요.

한국 사람들은 고개를 숙이거나 허리를 굽히며 "안녕하세요?"라고 인사해요.

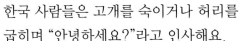

태국 사람들은 두 손을 모으며 남자는 "사와디캅.", 여자는 "사와디카." 라고 인사해요.

프랑스 사람들은 서로 양 볼을 마주 대면서 "싸바."라고 인사해요. 양 볼을 오른쪽, 왼쪽, 오른쪽 순으로 3번 마주 대요.

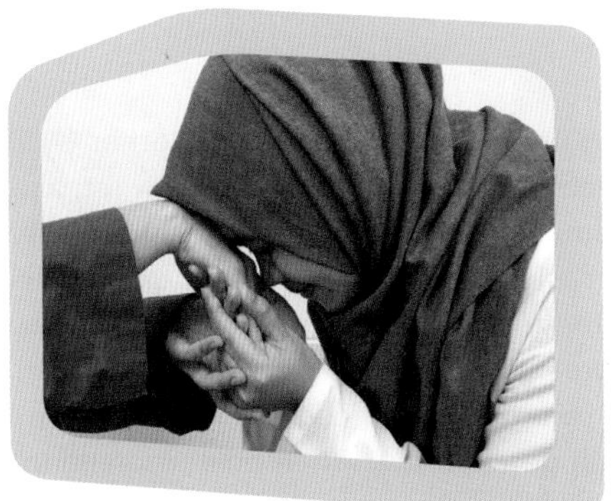

인도네시아 사람들은 인사를 할 때 악수를 해요. 그리고 오른손 손등을 이마에 대요. 이것은 존경의 의미가 있어요. 인도네시아의 인사말은 아침, 점심, 오후, 밤에 모두 달라요. 아침 인사는 "슬라맛 빠기."라고 해요.

__________ (나라) 사람들은 __________라고 인사해요.

한국인의 인사 Korean greetings

한국인의 인사에는 가벼운 눈인사에서부터 절까지 다양한 인사가 있다. 인사를 할 때에는 인사말뿐만 아니라 행동도 중요한데, 그 이유는 인사하는 태도가 상대방에 대한 공경을 표시하기 때문이다.

한국에서는 머리를 숙이거나 허리를 굽히는 행동이 상대방에 대한 존경의 뜻을 나타내기 때문에, 사람에게 인사할 때는 가볍게 고개를 숙이거나 허리를 굽힌다. 일반적인 경우나 불특정 다수에게 인사를 할 때에는 가볍게 고개를 숙이는 '목례'를 한다. 아침에 회사에 출근하는 사람들이 사무실에 들어서면서 가벼운 목례와 함께 아침 인사하는 것을 한국 드라마를 통해 자주 보았을 것이다. 자신보다 높은 사람에게 아주 공손하게 인사할 때에는 허리를 굽히는 인사를 한다. 예를 들어 백화점에서 점원들이 고객을 맞이할 때나 자신보다 사회적으로 지위가 높은 사람에게 인사할 때에 허리를 굽혀 정중히 인사를 한다.

There are various greetings in Korea, ranging from gentle nods to bows. When exchanging greetings, actions are as important as words since the behavior expresses respect towards others.

In Korea, people greet each other by lowering their head or bending forward at the waist, and these actions demonstrate respect for the other party. On ordinary occasions, or when greeting unspecified individuals, people exchange nods, slightly lowering their heads. Korean soap operas commonly show scenes of workers entering their offices exchanging morning greetings with gentle nods. When politely greeting one's elder or superior, people usually bow. For example, sales clerks in department stores bow to customers and sometimes people bow to individuals in higher social positions.

바닥에 두 무릎을 꿇고 허리를 굽히는 인사법도 있는데 이것은 서서 하는 인사보다 더욱 정중하고 공손한 인사 방법으로서 '절'이라고 한다. '절'은 과거에 일반적인 인사 방법이었지만, 현대에 와서는 일상적으로 자주 하지는 않고 특별한 날, 특별한 상황에서만 한다. 과거에는 부모님께 아침이나 저녁에 인사를 드릴 때, 먼 길을 떠날 때, 감사 인사를 드릴 때 절을 하여 공경을 나타냈다. 하지만 이제 절은 설날의 세배, 혼례 중 폐백을 드릴 때, 제사와 같은 특별한 날, 결혼 후 신혼여행에 다녀와서 처음 인사드릴 때와 같은 특별한 상황에서만 한다.

There is a type of greeting called *Jeol* (a deep bow), which involves kneeling down and bowing the head to the ground. This is more courteous than a greeting done standing up. *Jeol* was more common in previous times of Korean history, but presently it is only done on special days or circumstances. In the past, the deep bow was given to show respect for parents, when leaving for a long travel, or when thanking somebody. However, now it is only performed on special occasions, such as on Lunar New Year's day, during traditional wedding ceremonies, as part of ancestral rites or when newlyweds visit their parents after returning from their honeymoon.

한국의 전통적인 인사 방식이 아닌 현대적인 인사 방법으로 악수가 있다. 악수는 서구 문화와 함께 들어왔는데, 일상적인 상황에서보다는 공적인 상황에서 주로 하는 인사법이다. 보통은 남자들끼리 하는 것이 자연스럽게 여겨지며, 이성 관계에서는 여자가 먼저 악수를 청하는 경우가 일반적이다.

이처럼 한국의 인사법은 다양한데, 서양의 인사법과 약간 다른 점이 있다. 보통 서양에서는 상대방의 눈을 마주보며 인사를 나눈다. 하지만 한국에서는 웃어른과 이야기를 하거나 인사를 드릴 때 상대방의 눈을 마주 보는 것은 예의가 없다고 생각한다. 그렇기 때문에 한국에서는 웃어른께 인사를 할 때 시선을 상대방의 가슴 정도로 낮추는 것이 바른 자세이다. 하지만 인사를 나눈 뒤 대화를 할 때는 가끔씩 눈을 맞추며 이야기하는 것이 좋다.

Korea's modern way of greeting is the handshake. The handshake came to Korea through the influence of western culture and is usually done in public situations rather than in less formal occasions. While it is generally considered appropriate common between men, women tend to offer their hands first in meetings of mixed gender.

Korean culture has various ways of greeting, and there are some differences with the greetings of the West. In western culture, people usually look each other in the eye when sharing their greetings. However, in Korea, it is considered impolite to make eye contact with an elder while greeting them. As such, it is more appropriate for the inferior to lower their eyes when greeting their superiors. Even so, it is considered polite to make occasional eye contact during conversations after the greeting is complete.

특별한 날의 인사 Greetings on special days

한국에서는 이사, 병문안, 결혼식, 장례식과 같은 특별한 일이 있을 때 마음을 담은 인사를 하며 선물을 주고받는다. 선물은 주로 물건으로 하지만 현금이나 상품권으로 대신하기도 하면서 서로 정을 나눈다. 이처럼 한국에서는 상황이나 대상에 따라 다양한 선물로 인사치레를 한다.

In Korea, people give gifts while exchanging heartfelt greetings on special occasions such as weddings, funerals or when visiting hospitals. People show their affection by giving gifts, which are sometimes in the form of cash or gift certificates. In Korea, the type of gifts varies based on the occasion and relationship to the recipient.

이사 Moves

예로부터 이사를 한 뒤에는 이웃 사람들과 붉은 팥으로 만든 시루떡을 나누어 먹었다. 한국 사람들이 팥 시루떡을 먹는 것은 팥의 붉은 색이 나쁜 일을 막아 준다고 믿었기 때문이다. 지금도 시골에서는 이사 떡을 돌리는 게 풍습으로 남아 있고, 가끔 도시의 아파트에서도 팥 시루떡을 돌리며 이웃과 인사를 나누는 모습을 볼 수 있다.

Throughout the ages, people shared rice cakes made with red beans with their new neighbors after moving. This is because Korean people believed that the red color of the beans prevented bad things from happening. Sharing red bean rice cakes remains a custom in the rural areas, and this custom is sometimes even seen in apartments in the city.

병문안 Visiting hospitals

한국 사람들은 친지나 이웃이 병으로 고생하거나 병원에 입원해 있을 때 찾아가 과일이나, 건강 음료 등을 선물한다. 병문안을 할 때에는 "빨리 일어나세요.", "쾌유를 빕니다.", "완쾌를 바랍니다."라는 인사말과 함께 선물을 전한다. 얼마 전까지는 병문안 갈 때에 꽃을 선물하기도 했는데, 병실에 두는 꽃이 환자에게 해로울 수도 있다는 것이 알려지면서 요즘에는 꽃 선물은 잘 하지 않는다. 대신 최근에는 건강식품과 함께 책을 선물하기도 한다.

When their neighbors and relatives are sick, Korean people visit their hospitals and present gifts such as fruit baskets or health drinks. In these situations, people present their gifts with words of greeting, such as "*Please pull through.*" or "*Get well soon.*" Flowers were sometimes presented to patients until recently, but this is not the case anymore due to health concerns related to placing flowers in hospital wards. Instead, healthy food and books are popular gifts.

경조사 Family events

결혼 Weddings

친분 관계에 있는 사람이 결혼을 할 때 필요한 물건을 사거나 신혼살림에 보태어 쓰라고, 축하하는 마음을 담아 '축의금'을 준다.

Money called *Chuguigeum* is usually given as a wedding gift by people close to the newlyweds. *Chuguigeum* enables them to purchase the things they need or helps them out with their newly-married life.

장례식 Funerals

장례식에 문상을 가면 상을 당한 사람에게 돈과 함께 위로의 말을 전한다. 그 돈은 장례식 비용에 보태라는 의미의 돈으로서 '부의금'이라고 한다.

In funerals, people offer their condolences to the family in mourning with monetary gifts. This condolence money, which is called *Buuigeum*, is used to supplement the cost of the funeral.

편지와 인사 Letters and greetings

예로부터 사람들은 편지를 통해 안부나 소식, 용무를 전해 왔다. 편지로 용건을 전달할 때는 본론을 말하기 전에 상대방에게 계절이나 건강과 관련된 인사를 하거나 받는 사람 혹은 집안의 안부를 묻는 것으로 인사를 전했다. 그런데 그 인사를 하는 데에는 일정한 형식이 정해져 있어서 까다로운 것을 싫어하는 사람들은 편지로 인사하는 것을 불편해 했다. 하지만 편지는 말로 하는 인사와는 또 다른 특별한 정을 느끼게 해 주는 장점이 있다. 그래서 최근에는 인터넷과 SNS을 이용하여 간단하게 글로 인사를 주고받는 사람들이 많아졌다.

Since times of antiquity, people shared news and asked after each other through letters. Prior to getting to the point in the letter, people added greetings related to the weather or asked after the recipients and their family. However, the fixed format of letters made it uncomfortable for people who have difficulties with complexities. This aside, letters do have the advantage of sharing special feelings, which differentiates it from simple face-to-face conversations. Due to these aspects, nowadays, many people share their greetings more simply in writing through the Internet and Social Networking Services(SNS).

봄

홍길동 님 그동안
안녕하셨는지요?
벚꽃이 만개하는 계절입니다.

Spring

Mr. Hong, how have you been? Now has come the season of cherry blossoms.

여름

연일 더운 날씨가
계속 되고 있습니다.
무더위 속에 건강은 어떠신지요?

Summer

The heat seems to continue day after day. How is your health in this hot weather?

가을

아직은 한낮의 더위가 가시지
않았지만 아침저녁으로
시원한 바람이 부는 가을입니다.

Fall

Despite the heat during the daytime, the fall has come with cool breeze blowing in the morning and evening.

겨울

추위가 한풀 꺾였는데도
불구하고 많이 춥습니다.
감기에 걸리지는 않으셨는지요.

Winter

The cold has eased up, but it is still chilly. I hope you haven't caught a cold.

수진

루이 씨, 새해 복 많이 받으세요. 오전 9:10

루이

수진 씨도 새해 복 많이 받으세요. 오전 9:12

한국인의 인사법

이번 단원에서 배운 내용을 확인해 봐요.

1 다음 상황에서 어떻게 인사해요?

	상황	한국인의 인사말
(1)	처음 만난 사람에게	
(2)	식사할 때	
(3)	외출할 때	

2 다음 중 한국인의 인사법으로 맞는 것을 고르세요.

①

②

③

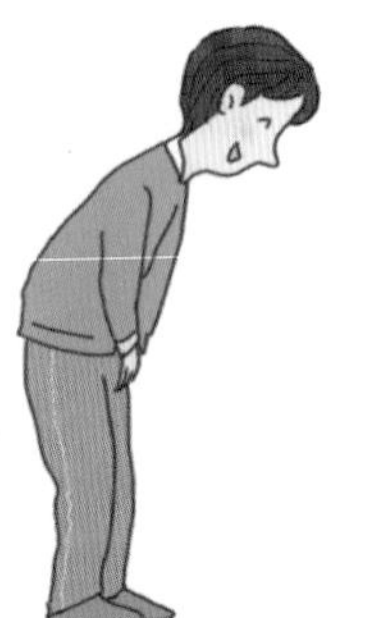

④

한국의 화폐

학습목표

한국 화폐의 종류와 가치에 대해 안다.

물건값을 지불하는 다양한 방법과 한국의 물가에 대해 학습한 후 자신의 나라와 비교해 볼 수 있다.

한국 화폐의 변천 과정 및 화폐 속 인물과 사물들에 대해 안다.

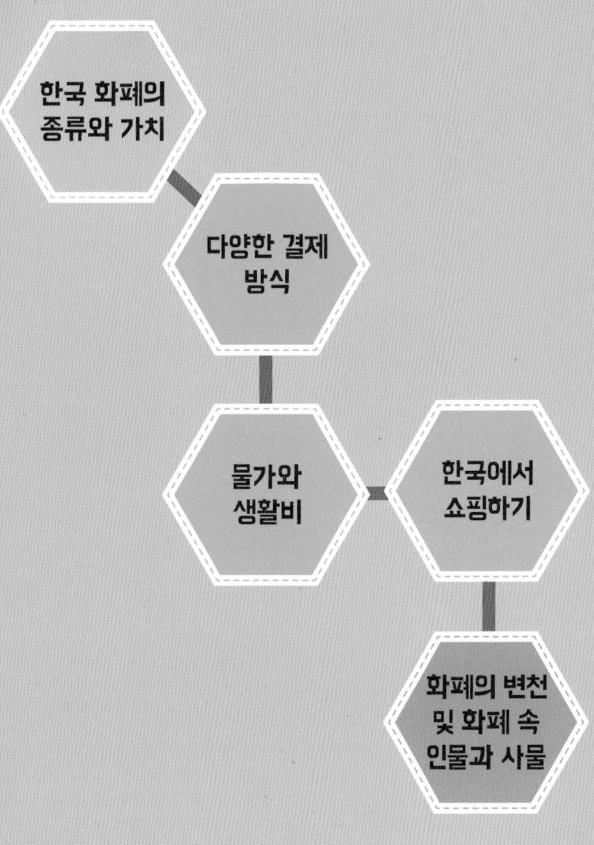

한국 화폐의 종류와 가치

한국의 돈에 대해 알아봐요.

- **지폐**

- **동전**

지폐와 동전은 몇 가지가 있어요? 각각 얼마짜리예요?

한국의 돈에는 무엇이 그려져 있어요?

한국의 돈에는 한국 사람들이 존경하는 인물들이 그려져 있어요.

한국의 돈에는 한국을 상징하는 것들도 있어요.

위의 인물들 중에 아는 사람이 있어요?
여러분 나라의 돈에는 무엇이 그려져 있어요?

한국 화폐의 가치에 대해 알아볼까요?

한국 돈 '천 원'이 다른 나라 돈으로 얼마 정도인지 알아봐요.

● 한국

● 미국

● 중국

● 유럽연합

1,000원을 기준으로 한 나라별 환율에 대해 알아봐요.

매매기준	통화명
1,000원	미국 USD 0.88
	일본 JPY 98.99
	유럽 EUR 0.83
	중국 CNY 6.03
	( )

* 2017년 2월 23일 기준

한국 돈 '천 원'이 여러분 나라의 돈으로는 얼마예요?

여러분 나라의 돈과 한국 돈을 비교해 봐요.

여러분 나라의 돈을 소개해 봐요.

나라 이름	지폐의 종류	동전의 종류

한국 돈을 여러분 나라의 돈으로 바꿔 보세요.

한국	________
(　　　　)원	(　　　　　　　)
(　　　　)원	(　　　　　　　)
(　　　　)원	(　　　　　　　)

1 다양한 결제 방식

한국에서 현금 대신에 어떤 것들로 결제를 할 수 있는지 알아봐요.

한국에서는 현금 대신에 다음과 같은 방법으로 결제를 해요.

신용 카드

모바일 카드

수표

상품권

한국에서 물건을 사면 적립 포인트나 쿠폰을 주기도 해요. 적립 포인트나 쿠폰은 돈을 대신하기도 해요.

포인트 카드

쿠폰

> 여러분 나라의 결제 수단에는 어떤 것들이 있어요?
> 여러분은 물건을 살 때 무엇으로 결제를 해요?

한국에서 쿠폰과 포인트 카드로 무엇을 할 수 있는지 알아봐요.

● **쿠폰**

● **포인트 카드**

여러분 나라에서는 쿠폰이나 포인트 카드와 비슷한 것이 있어요?
어떻게 모아서 사용해요?

한국의 물가는 어떨까요? 한국의 물가에 대해 알아봐요.

햄버거 세트 5,300원

커피 한 잔 4,100원

버스, 지하철 기본요금
1,200원~1,250원

인터넷 한 달 사용 요금
25,000원

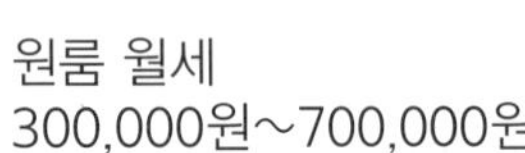

원룸 월세
300,000원~700,000원

한 학기 150만 원~320만 원
(국립대 기준)

* 2017년 4월 기준

여러분 나라의 물가는 어때요? 한국의 물가와 비교해 보세요.

• 햄버거 세트	
• 커피(Tall) 한 잔	
• 대중교통 기본요금	
• 인터넷 한 달 사용 요금	
• 원룸 월세	
• 한 학기 대학 등록금	

한국에서 하루 동안 생활을 하려면 비용이 얼마나 들까요? 여러분 나라는 어때요?

한 끼 식사	교통비(왕복)	아이스크림
6,000원	1,250원 x 2 = 2,500원	1,000원

한국에서는 만 원으로 무엇을 할 수 있을까요? 그리고 여러분 나라에서는 그 금액으로 무엇을 할 수 있어요? 만 원으로 할 수 있는 일을 찾아보고 이야기해 보세요.

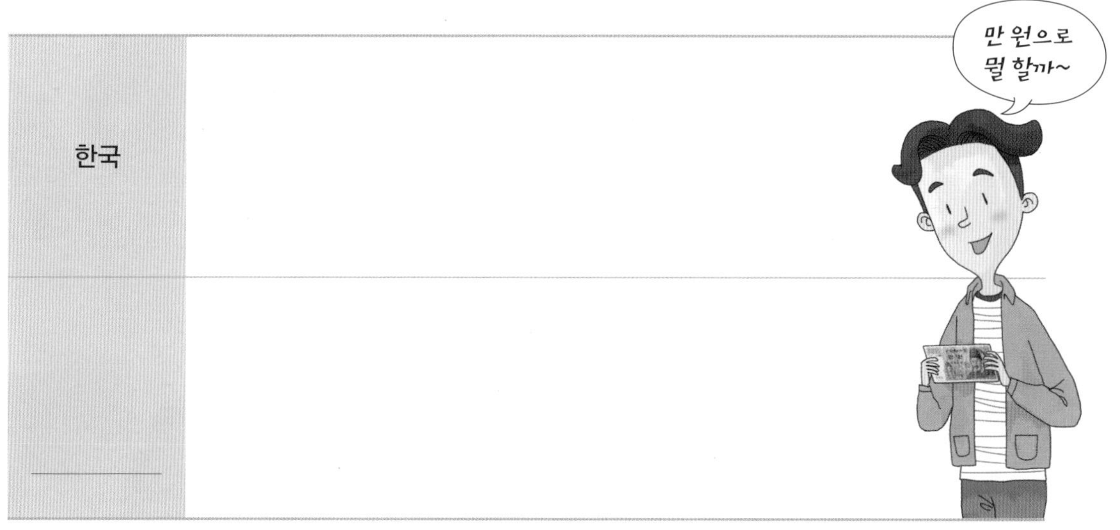

한국	
________	

여러분 나라에서 한 끼 식사로 무엇을 많이 먹어요? 그 음식의 물가 변화를 알아봐요.

________ (음식 이름)	

다음의 상품들이 한국에서 얼마인지 알아봐요.

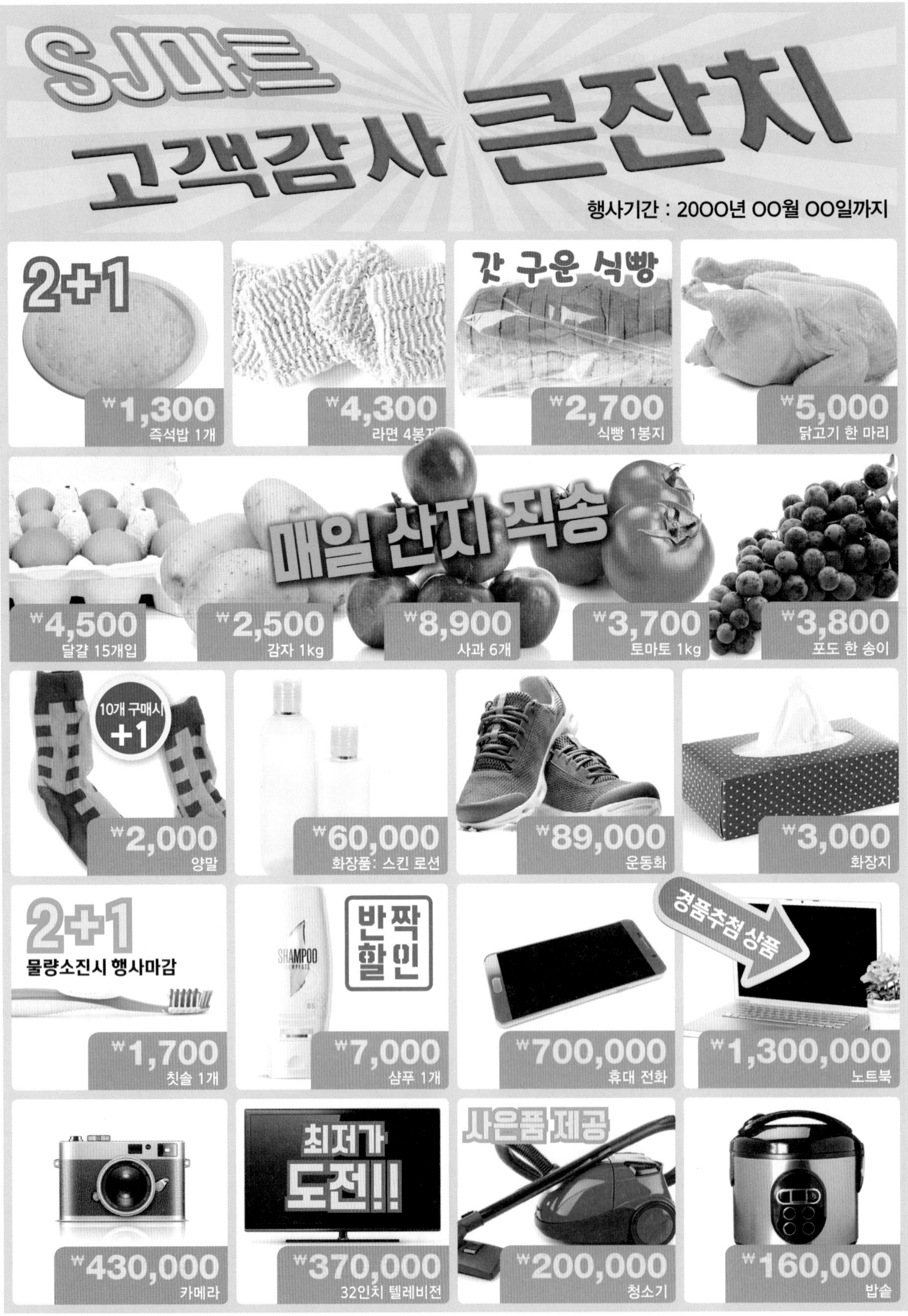

SJ마트 고객감사 큰잔치

행사기간 : 20OO년 OO월 OO일까지

2+1
₩1,300
즉석밥 1개

₩4,300
라면 4봉

갓 구운 식빵
₩2,700
식빵 1봉지

₩5,000
닭고기 한 마리

매일 산지 직송

₩4,500
달걀 15개입

₩2,500
감자 1kg

₩8,900
사과 6개

₩3,700
토마토 1kg

₩3,800
포도 한 송이

10개 구매시 +1
₩2,000
양말

₩60,000
화장품: 스킨 로션

₩89,000
운동화

₩3,000
화장지

2+1
물량소진시 행사마감
₩1,700
칫솔 1개

반짝 할인
₩7,000
샴푸 1개

₩700,000
휴대 전화

경품추첨 상품
₩1,300,000
노트북

₩430,000
카메라

최저가 도전!!
₩370,000
32인치 텔레비전

사은품 제공
₩200,000
청소기

₩160,000
밥솥

* 2017년 4월 기준

다음의 물건들을 구입하면 한국 돈으로 얼마를 내야 할까요? 계산해 보세요.

구입한 물건	합계
라면 4봉지, 닭고기 한 마리, 토마토 1kg, 감자 1kg	
휴지, 칫솔 한 개, 샴푸 600ml, 카메라, 밥솥	

다음의 돈을 가지고 사고 싶은 물건을 골라 보세요.

화폐의 변천 및 화폐 속 인물과 사물 Changes in money and the figures and objects on the currency

시대가 변함에 따라 화폐의 모습도 많이 달라졌다. 한국에서는 옛날에 '엽전'이라고 하는 동전을 화폐로 사용하였는데, 둥글고 납작한 모양에 가운데에는 네모난 구멍이 있었다. 이 네모난 구멍은 많은 양의 엽전을 보관하는 데 적합했다. 엽전의 구멍에 끈을 끼워 여러 개의 엽전을 들고 다닐 수 있었기 때문이다.

Following the changes of time, Korean currency has also transformed. In previous eras, a coin called *Yeopjeon* was used. It had a square-shaped hole at the center of its round, flat shape. This square hole was helpful for storing a large quantity of *Yeopjeon*, since people were able to thread cords through the holes and carry around a large quantity of coins.

현대 지폐와 유사한 형태로는 근대에 들어서면서부터 만들어지기 시작했다. 1900년대부터 한국은행의 전신인 중앙은행에서 지폐를 만들었으며 이때부터 화폐에 초상이 등장하기 시작했다.

Paper money, similar to that of today, was made at the beginning of the modern era. From the 1900s, bills were produced by the Central Bank, which later became the current Bank of Korea. Since then, portraits have been added to the currency.

1950년대 천 원권

세종대왕

한국전쟁이 끝난 직후인 1950년대에는 한국의 첫 번째 대통령인 이승만 대통령의 초상이 지폐에 그려졌다. 그리고 1960년대부터 한국의 과거 위인들이 지폐에 등장하기 시작했다. 가장 먼저 등장한 위인은 세종대왕이었다.

이 당시만 해도 한국은 지금과 같은 고액권을 사용하지 않았다. 그래서 세종대왕도 지금처럼 만 원이 아니라 천 원에 그려져 있었다. 1970년대가 되면서 현대와 같은 '고액권'이 나타나게 되었고 지폐의 인물들도 다양해졌다. 또한 이 시기에 현대에 사용되고 있는 주화(동전)가 등장하였다.

In the 1950s, after the end of the Korean War, Korea's first president *Rhee Seung-man's* portrait appeared on the bills. And from the 1960s, the great men of the past were commemorated. The first among them was King *Sejong*.

At the time, large-denomination bills were not used in Korea as they are today, so King *Sejong* was on the 1,000-won bill, not the 10,000-won bill, as he is presently. By the 1970s, large bills appeared and the figures on the bills were also diversified. Modern coins also came along at this time.

한국의 현대 화폐에서는 다양한 인물과 상징물들을 볼 수 있다. 지폐에는 조선 시대의 유명한 인물들이 그려져 있다.

퇴계 이황

천 원짜리 지폐에는 퇴계 이황 선생의 초상이 그려져 있다. 이황(1501~1570)은 고려 말에 들어온 성리학을 토착화시킨 조선 시대의 유명한 유학자로 다른 나라에서도 그의 가르침을 받기 위해 찾아올 정도였다고 한다. 경상북도 안동에 가면 그의 교육적 신념을 기리는 도산서원을 볼 수 있다. 조선 시대의 유명한 유학자 중에는 율곡 이이 선생도 있는데, 그가 바로 오천 원에 그려져 있는 인물이다. 이이(1536~1584)는 조선 시대의 유명한 학자이자 정치가였다.

이이는 나라의 관리를 뽑는 시험에서 9번이나 장원을 하였다. 이이는 20여 년간 주요 관직을 거치며 백성을 위한 사회 정책을 펴고자 노력한 인물로 현재까지 존경받고 있다.

Various figures and symbols can be seen on the Korean currency of today. Famous figures of the *Joseon* period are depicted on the paper bills.

The portrait of *Toegye Yi Hwang* is on the 1000-won bill. *Yi Hwang* (1501 ~ 1570) was a prominent Confucian scholar of the *Joseon* era, who indigenized neo-Confucianism, which was introduced during the late *Goryeo* period. It is said that people came even from other countries to learn from him. *Dosanseowon* Confucian Academy in Andong, Gyeongsangbuk-do Province commemorates his educational principles. *Yulgok Yi Yi*, the figure on the 5,000-won bill, was also a famous Confucian scholar of the *Joseon* Dynasty period. *Yi Yi* (1536 ~ 1584) was a renowned scholar jn the Joseon period and politician.

Yi Yi won in first place nine times on the state examinations set to select government officials. Koreans today continue to respect him for his pursuit of social policies for the people during his more than 20 years in major positions of public office.

도산서원

오죽헌

오만 원짜리 지폐에는 이이의 어머니 신사임당(1504~1551)이 그려져 있다. 신사임당은 현모양처(어진 어머니이면서 착한 아내)의 대표적인 인물이다. 또한 그녀는 당대 유명한 화가이자 시인으로 그녀가 그린 그림과 시가 오늘날까지 전해져 오고 있다. 오만 원짜리 지폐를 자세히 살펴보면 그녀가 그린 그림을 볼 수 있다. 강원도 강릉에 가면 이이 선생과 그의 어머니 신사임당이 살았던 오죽헌이 남아 있다.

Shin Saimdang (1504 ~ 1551), mother of *Yi Yi*, appears on the 50,000-won bill. *Shin Saimdang* was selected as she symbolizes the ideal of a good wife and wise mother. Moreover, she was a famous artist and poet of her time and her drawings and poems have been passed down to the modern times. Her paintings can also be seen on the 50,000-won bill with a closer look. *Ojukheon* House, in which *Yi Yi* and his mother *Shin Saimdang* lived, is still standing in Gangneung, Gangwon-do Province.

신사임당초충도병 전폭

만 원짜리 지폐에는 한국인들이 가장 존경하는 조선 시대의 왕 세종(1397~1450)의 초상이 그려져 있다. 한글을 만든 인물로 알려진 그는 학문, 예술, 과학 등 다양한 분야에 조예가 깊은 왕이었다. 세종대왕은 한글뿐만 아니라 측우기, 해시계와 같은 과학 기구를 제작하여 백성들의 삶에 도움을 준 임금으로 평가된다. 또한 세종대왕은 신분 계급이 철저했던 조선 시대에 젊고 유능한 학자들을 등용하여 조선의 문화를 일으키기 위해 노력하였다.

On the 10,000-won bill is the image of King *Sejong* (1397 ~ 1450), the most admired figure among Koreans. He is known for inventing Hangeul, the Korean alphabet, and also for being a king who had profound knowledge in various fields, from academics to arts and science. King *Sejong* not only made *Hangeul*, but also worked on scientific instruments such as the rainfall gauge and sundial to improve the lives of his subjects. Moreover, he appointed young and talented scholars, despite the strong social class system of *Joseon* Dynasty, to achieve his goals of cultural development.

세종대왕

해시계

訓民正音
國之語音異乎中國與文字不相流通故愚民有所欲言而終不得伸其情者多矣予為此憫然新制二十八字欲使人人易習便於日用矣
ㄱ牙音如君字初發聲

훈민정음 해례본

한국의 주화들

한국의 주화에는 세 개의 상징물과 한 명의 인물이 새겨져 있다. 십 원짜리 동전에는 신라 시대의 수도였던 경주의 대표적인 문화재 '다보탑'이 새겨져 있다. 다보탑은 경주의 유명한 관광지인 불국사 내부에 있는 탑으로 매우 아름답기로 유명하다. 오십 원짜리에는 벼가 새겨져 있다. 벼는 한국인의 주식인 쌀이 나오는 작물로 한국이 오랫동안 농경 사회였으며 밥을 중요하게 생각했다는 것을 보여 준다. 백 원짜리 동전에는 이순신 장군(1454~1598)의 초상이 새겨져 있다. 이순신 장군은 임진왜란 때 거북선을 만들어 적을 물리친 인물로 세종대왕과 함께 한국인들이 존경하는 인물로 꼽힌다. 서울 광화문에 가면 세종대왕과 이순신 장군의 동상을 볼 수 있다. 오백 원짜리 동전에는 학이 새겨져 있는데, 학은 전통적으로 평화와 장수를 상징한다.

There are three symbols and one figure on Korea's coins. On the 10-won coin is the *Dabo* Pagoda, a well-known artifact of Korea's cultural legacy and located in Gyeongju, which was the capital city of *Silla* Dynasty. *Dabo* Pagoda is located in the courtyard of *Bulguksa* Temple, which is a famous tourist site in Gyeongju, and is known for its beauty. The image of a rice stalk is on the 50-won coin. This shows that Korea has been an agrarian society for a long period and that rice is highly valued. The portrait of Admiral *Yi Sun-shin* (1454~1598) is on the 100-won coin. Admiral *Yi Sun-shin* defeated the nation's enemies by inventing the Turtle ship, and along with King *Sejong*, he is one of the most respected figures in Korean history. The statues of King *Sejong* and *Yi Sun-shin* stand in *Gwanghwamun* Square in Seoul. On the 500-won coin is the image of a crane, which is a traditional symbol of peace and longevity.

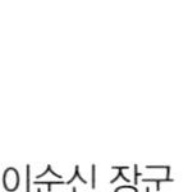

이순신 장군

시대에 따라 화폐의 모양은 계속해서 변해 왔지만, 그러한 과정 속에서 변하지 않는 것이 있었다. 바로 전통적으로 한국 사람들이 재물을 탐하는 것과 돈에 연연하는 것을 부정적으로 보았다는 점이다. 고려 시대 최영 장군의 '황금 보기를 돌같이 하라'라는 말에도 이러한 인식이 잘 나타난다. 또한 '사람 나고 돈 났지, 돈 나고 사람 났냐'라는 속담에서 볼 수 있듯이 한국은 예부터 돈보다는 사람을 중시하였다.

The forms of Korean currency have changed over time, yet one thing has not changed: Korean people traditionally shun greed for riches and the desire to cling to money. This kind of perception is shown in the statement "Don't be blinded by money" attributed to Admiral *Choi Young* of the *Goryeo* period. As reflected in the Korean proverb 'Man made money, not the other way around,' Koreans value people over money.

한국의 화폐

이번 단원에서 배운 내용을 확인해 봐요.

1 다음의 지폐에 있는 사람들은 누구예요?

(1)

(　　　　　　)

(2)

(　　　　　　)

(3)

(　　　　　　)

(4)

(　　　　　　)

2 한국에서 돈 대신 사용하는 것에는 무엇이 있어요?

(1)

(　　　　　　)

(2)

(　　　　　　)

3 다음은 한국에서 얼마 정도예요? 그리고 여러분 나라에서는 얼마 정도예요?

(1) 햄버거 세트	
(2) 커피 한 잔	

3

한국의 사계절

학습목표

한국의 사계절과 기후를 안다.

한국과 다른 나라의 계절 활동을 비교할 수 있다.

한국의 24절기와 한국인의 의식주에 대해 이해한다.

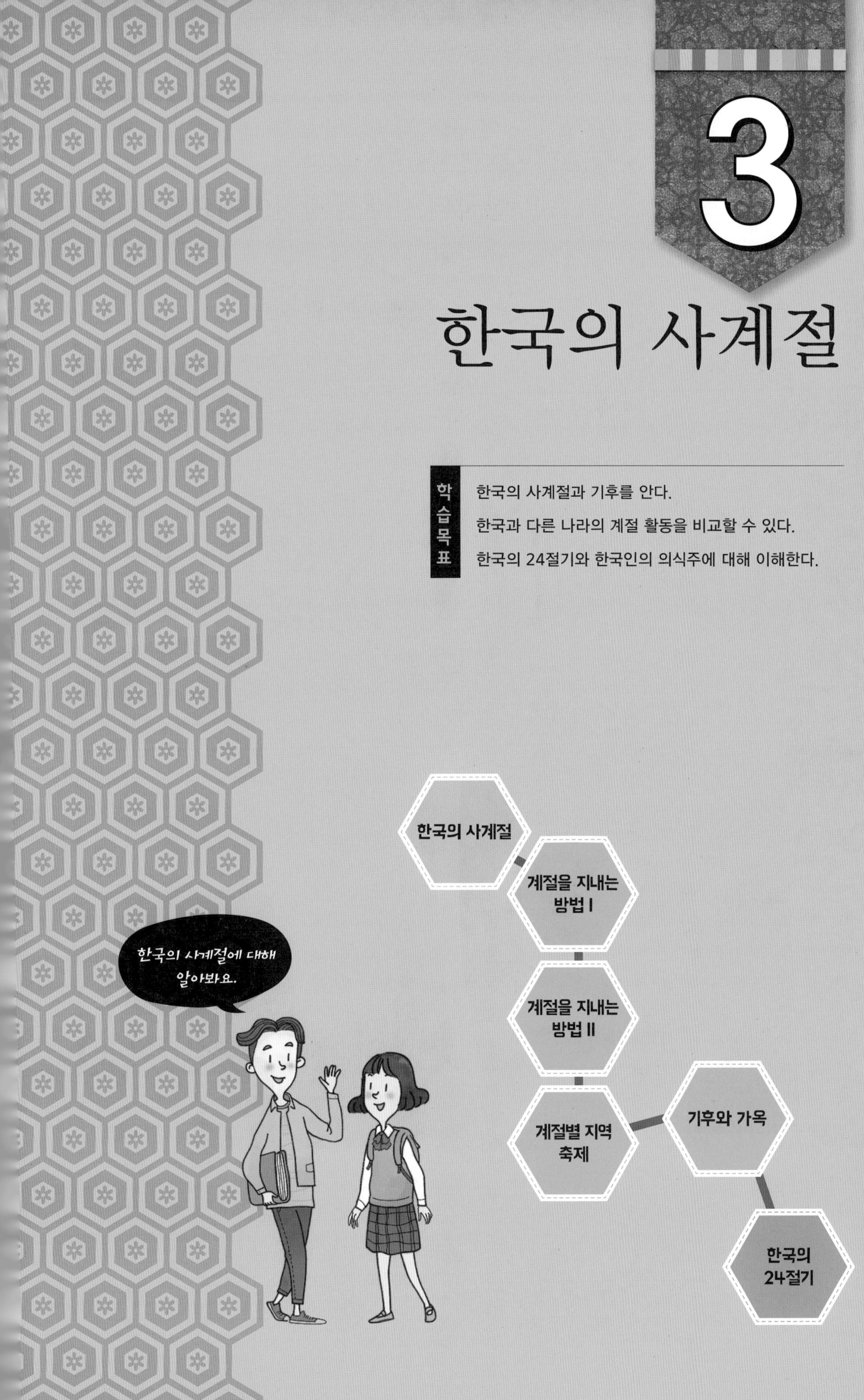

한국의 사계절

다음은 한국의 사계절 사진이에요.

여러분 나라에는 무슨 계절이 있어요?

한국 사계절의 날씨는 각각 어떨까요?

봄

이번 주 날씨가 따뜻합니다. 꽃이 많이 피니까 주말에 야외로 꽃구경을 가 보세요.

여름

월요일부터 수요일까지 무척 덥습니다. 그리고 목요일부터 비가 계속 내릴 예정입니다. 우산을 꼭 챙기세요.
월 화 수 목 금
31℃ 32℃ 32℃ 28℃ 29℃
24℃ 25℃ 24℃ 25℃ 24℃

가을

날씨가 선선합니다. 야외 활동하기에 좋은 계절입니다. 나들이 계획을 세워 보세요.

오늘의 날씨

아침 7시	낮 2시	저녁 8시
14.1℃	19℃	10℃

겨울

내일 아침은 매우 춥습니다. 이번 주말에 눈 소식이 있습니다. 눈길 조심하세요.
내일의 날씨

여러분 나라의 계절과 날씨에 대해 이야기해 보세요.

한국 사람들은 봄, 여름, 가을, 겨울에 무엇을 먹을까요?

화전

봄에는 꽃이 많이 피어요. 옛날 사람들은 꽃으로 전을 만들어 먹었어요. 요즘에는 자주 먹지는 않지만 특별한 날에 화전을 만들어 먹어요.

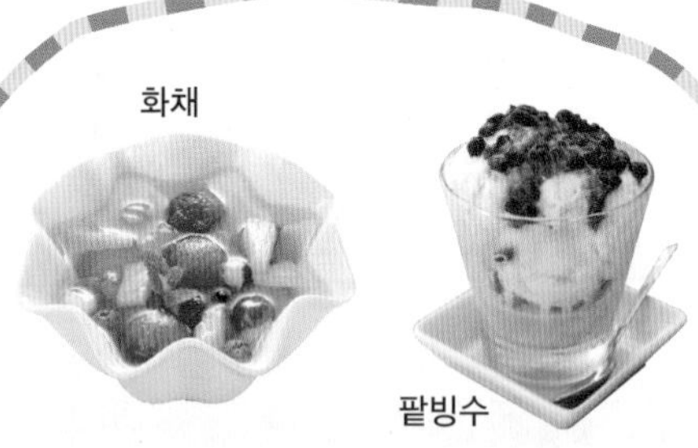
화채
팥빙수

화채는 여러 가지 과일을 넣어 만든 음료예요. 아주 달고 시원해요.
팥빙수는 한국에서 가장 많이 먹는 여름 간식이에요. 얼음을 갈아 넣고 팥과 떡을 올려요. 그리고 우유를 부어서 먹어요.

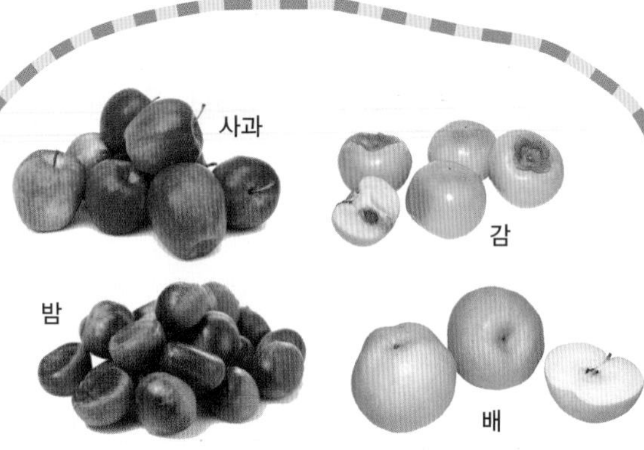
사과
감
밤
배

가을은 수확의 계절이에요. 사과, 배, 감, 밤 등 여러 가지 과일을 맛있게 먹을 수 있어요.

붕어빵
팥죽

겨울에는 군밤, 군고구마, 팥죽, 호박죽을 즐겨 먹어요. 요즘에는 호떡, 붕어빵도 많이 먹어요.

여러분 나라에서는 계절마다 무슨 음식을 즐겨 먹어요?

한국 사람들은 봄, 여름, 가을, 겨울에 어떤 야외 활동을 할까요?

봄

봄에는 공원에 나가 산책을 해요. 꽃구경을 하고 사진도 찍어요. 친구들과 도시락을 먹으면서 이야기도 해요.

여름

여름에는 물놀이를 즐겨요. 바다에서 해수욕을 해요. 계곡에서 놀기도 해요.

가을

가을에는 단풍 구경을 가요. 산에는 울긋불긋 예쁜 나무가 많아요. 등산을 하면서 아름다운 경치를 봐요.

겨울

겨울에는 스키나 스케이트를 타요. 눈이 내리면 눈사람을 만들고 눈싸움도 해요.

여러분의 나라에서는 계절이나 날씨에 따라 어떤 야외 활동을 해요?

한국 사람들은 여름을 어떻게 지내요?

요즘은 여름에 선풍기나 에어컨을 틀어요. 예전에는 원두막이나 나무 그늘에서 시원한 음식을 먹으며 더위를 피했어요. 남자들은 등목도 했어요.

죽부인
부채
한국 사람들은 더위를 견디기 위해 이런 물건을 사용해요.

여름이 되면 부채를 가지고 다니면서 부쳐요. 부채에는 여러 종류가 있어요. 옛날에는 여름밤에 대나무로 만든 죽부인을 안고 자며 더위를 견뎠어요.

여러분 나라에서는 더울 때 어떻게 해요?

한국 사람들은 겨울을 어떻게 지내요?

한국 사람들은 겨울에 내복을 입어요. 그리고 보일러를 켜서 방바닥을 따뜻하게 해요.

옛날에는 방 안에 화로를 놓아 실내를 따뜻하게 했어요.

아궁이
전기장판
한국 사람들은 이렇게
난방을 해요.

온돌은 한국 전통의 난방 방식이에요. 아궁이에 불을 지펴 방바닥을 따뜻하게 했어요. 요즘은 보일러를 켜서 방바닥을 따뜻하게 하고, 전기장판을 사용하기도 해요. 다른 나라는 공기를 덥혀서 난방을 하지만, 한국의 온돌은 바닥을 덥혀서 따뜻하게 해줘요.

여러분 나라에서는 추위를 견디기 위해 어떻게 해요?

한국 사람들은 더울 때와 추울 때 이렇게 해요.

〈실내〉 〈실외〉

〈실내〉 〈실외〉

여러분 나라에는 무슨 계절이 있어요? 무엇을 먹어요? 이야기해 보세요.

계절	장소	무엇을 먹어요?
겨울	길거리	호떡과 붕어빵을 즐겨 먹어요.

한국의 계절 음식을 같이 만들어 봐요.

한국에는 계절마다 다양한 축제가 열려요.

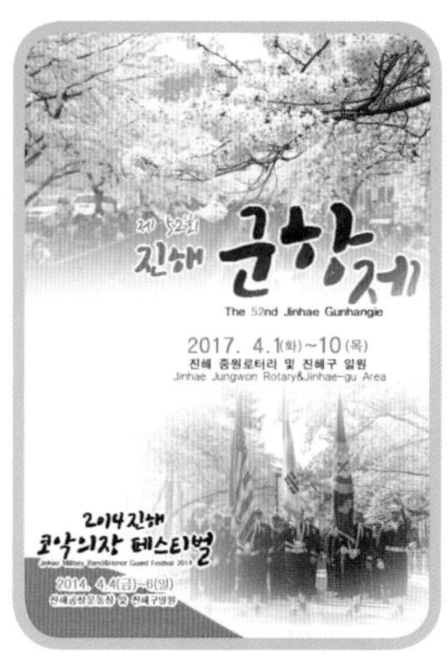

● 진해 군항제

봄에 진해시에서 하는 축제예요. 이순신 장군을 기념하는 행사예요. 그래서 군항제라고 해요. 이때 진해에는 벚꽃이 아주 많이 피어요. 그래서 많은 사람들이 벚꽃을 구경하러 가요.

● 보령 머드축제

여름에 보령시 대천해수욕장에서 하는 축제예요. 다양한 진흙 체험을 할 수 있어요. 진흙을 몸에 바르고 마사지를 해요. 그리고 진흙 위에서 여러 가지 게임을 해요.

● 장성 백양 단풍축제

가을에 장성 백양사에서 하는 축제예요. 백양사는 내장산에 있는 절이에요. 내장산은 단풍으로 유명해요. 사람들은 이곳에 단풍 사진을 찍으러 가요. 단풍 등산 대회에도 참가할 수 있어요.

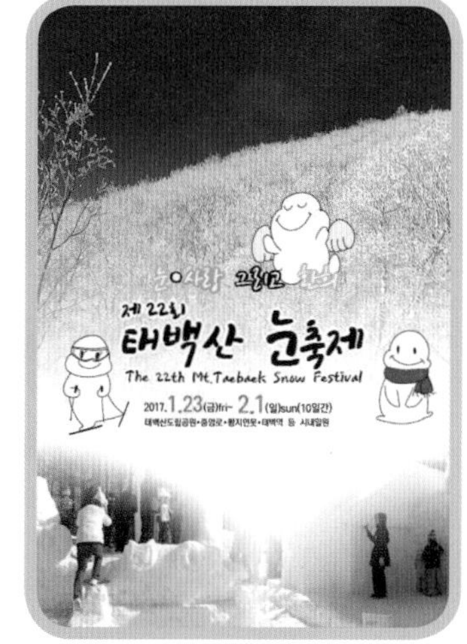

● 태백산 눈축제

겨울에 태백산에서 하는 축제예요. 겨울에 태백산에는 눈이 많이 내려요. 눈축제에서 눈 조각 작품을 구경할 수 있어요. 그리고 눈썰매도 탈 수 있어요.

여러분 나라에는 어떤 축제가 있어요? 소개해 보세요.

한국은 기후에 따라 집의 구조가 달랐어요.

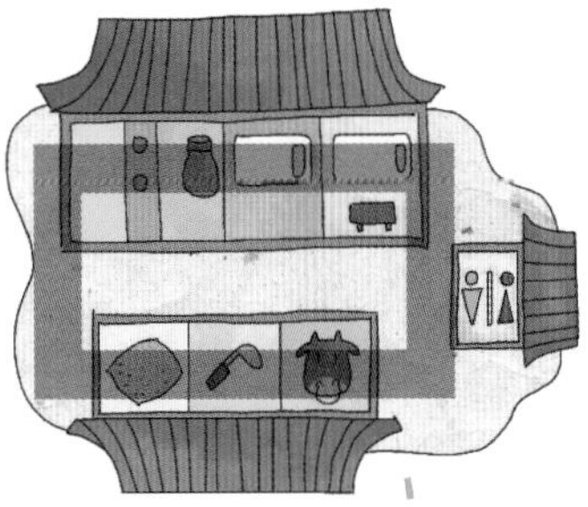

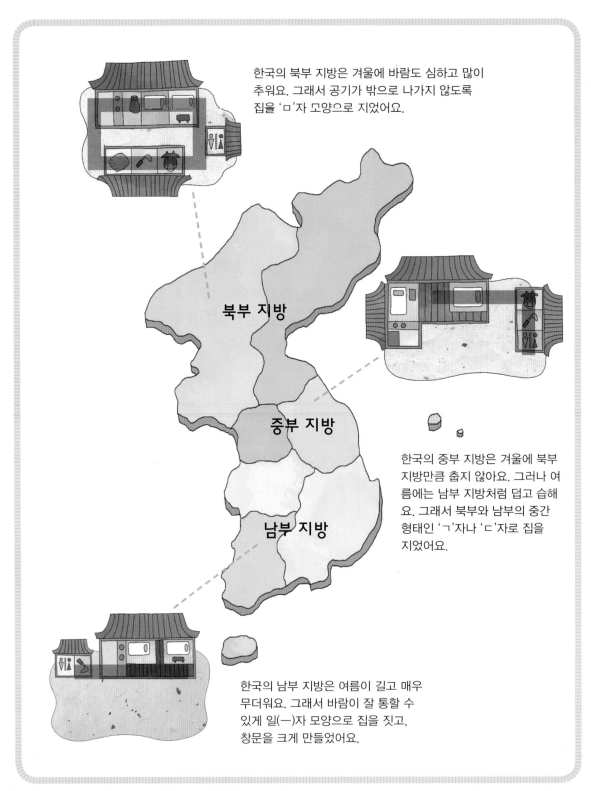

한국의 북부 지방은 겨울에 바람도 심하고 많이 추워요. 그래서 공기가 밖으로 나가지 않도록 집을 'ㅁ'자 모양으로 지었어요.

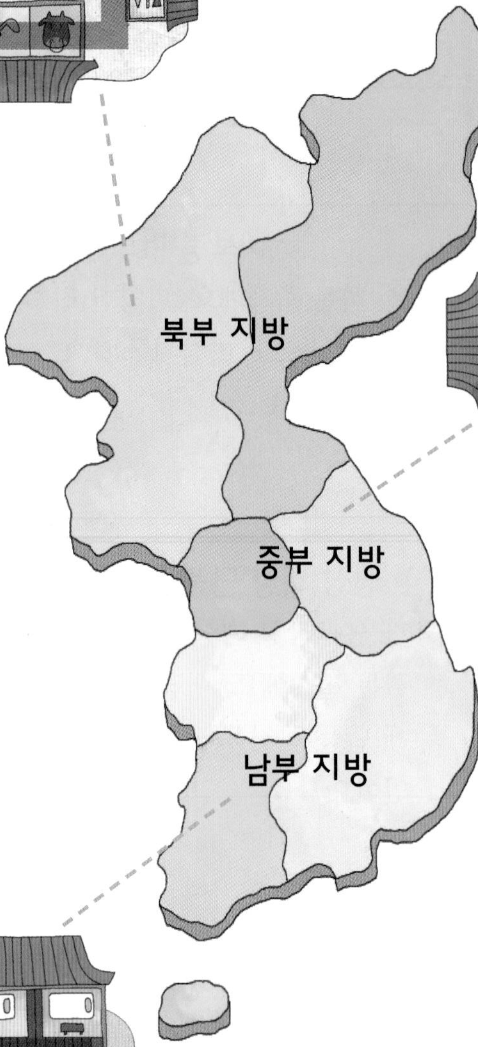

북부 지방

중부 지방

남부 지방

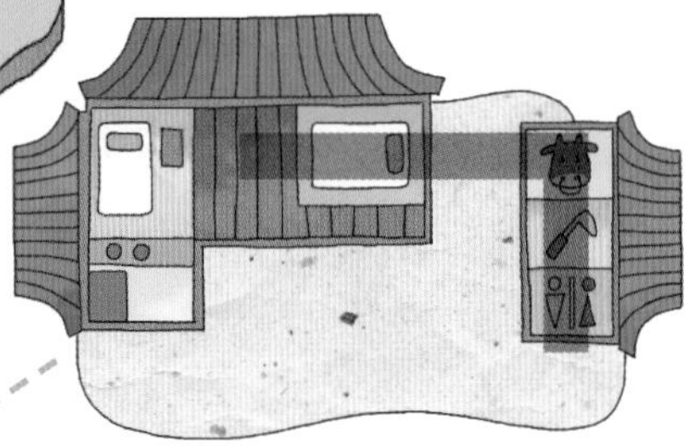

한국의 중부 지방은 겨울에 북부 지방만큼 춥지 않아요. 그러나 여름에는 남부 지방처럼 덥고 습해요. 그래서 북부와 남부의 중간 형태인 'ㄱ'자나 'ㄷ'자로 집을 지었어요.

한국의 남부 지방은 여름이 길고 매우 무더워요. 그래서 바람이 잘 통할 수 있게 일(ㅡ)자 모양으로 집을 짓고, 창문을 크게 만들었어요.

한국의 집은 더위와 추위를 잘 견딜 수 있게 지어졌어요.

여러분 나라에는 날씨와 관련 있는 집이 있어요?

한국의 24절기 Korea's 24 seasonal divisions of the year

절기는 기후 변화와 관련이 있으며, 크게 봄의 절기, 여름의 절기, 가을의 절기, 겨울의 절기로 나뉜다. 그리고 이 네 개의 절기는 다시 스물네 개의 절기로 나뉜다.

Seasonal divisions are related to the change of climate and are roughly divided into the seasons of spring, summer, autumn, and winter. These four seasons are then subdivided into 24 seasonal divisions.

봄의 대표적인 절기로는 입춘, 경칩 등이 있다. 입춘은 봄이 시작됨을 알리는 절기이다. 예로부터 가정에서는 '입춘대길(立春大吉)'이라는 글씨를 대문에 붙여 놓고 좋은 일이 생기길 기원했다.

The most well-known divisions of spring are *Ipchun* (the onset of spring) and *Gyeongchip* (the end of hibernation). From ancient times, people post handwriting of "立春大吉 (Good luck for *Ipchun*)" on their gates, wishing for good things to happen.

경칩은 겨울에 꽁꽁 얼었던 눈이 녹고, 겨울잠을 자던 개구리가 깨어나는 절기이다. 과거에 경칩은 연인의 날이었다. 남녀가 서로 사랑을 약속한 후, 그 징표로 은행을 하나씩 서로에게 선물로 주며 나누어 먹었다. 결혼을 안 한 남녀가 경칩이 되면 은행나무를 찾아서 사랑을 확인하고 정을 나누었다.

Gyeongchip is the day when snow from the winter starts to melt away and frogs wake up from their hibernation. In the past, it was a day for the lovers, on which lovers would promise their love for each other and share gingko nuts as a token of their love. Unmarried couples would find ginkgo trees to confirm and share their love on this day.

봄에 꽃이 본격적으로 피기 전 2월 말부터 4월 중순까지는 일시적으로 추워지는 현상이 나타나는데, 이를 꽃이 피는 것을 시샘하는 듯 춥다고 하여 '꽃샘추위'라고 부른다. 꽃샘추위가 오면 사람들은 넣어 두었던 겨울옷을 다시 꺼내어 입기도 한다. 이 무렵에 일찍 핀 꽃이나 식물들은 얼어 죽기도 한다.

Between late February and mid-April, the temperature temporarily drops before flowers start to bloom for spring. This last cold snap is called *Kkotsaemchuwi* in Korea, and this term implies that the cold weather seems to envy the blooming of the flowers. When the last cold snap comes, people sometimes unpack their winter clothes and the plants wither in cold.

여름의 절기에는 입하와 하지 등이 있다. 입하는 여름이 시작되는 절기이다. 하지는 일년 중 낮이 가장 긴 날이다. 예로부터 여름이 되면 사람들은 건강과 풍년, 복을 기원하였다. 단오에는 여자들이 머릿결이 좋아지고 부스럼이 없어진다고 하여 창포물에 머리를 감았다. 또한 복을 바라는 마음으로 봉선화 꽃잎을 손톱에 올려놓고 물을 들이기도 했다. 삼복에는 여름철 더위를 건강하게 이겨내기 위해서 삼계탕과 같은 보양식을 먹었으며, 이 시기에 농촌에서는 풍년을 바라는 마음으로 기우제를 지냈다.

Ipha (the first day of summer) and *Haji* (the summer solstice) are seasonal divisions of summer. *Ipha* marks the start of summer, and *Haji* has the longest daytime of the year. Since ancient times, people have wished for health, rich harvests and luck in the summer. On *Dano*, the fifth day of the fifth month of the lunar year, women washed their hair with water infused with sweet flag, believing it helps them have silky hair and get rid of boils. Also, they dyed their fingernails with garden balsams for good luck. During *Sambok*, the hottest period of summer, people ate health foods such as ginseng chicken soup called *Samgyetang* and held rituals for rain, wishing for a bumper year.

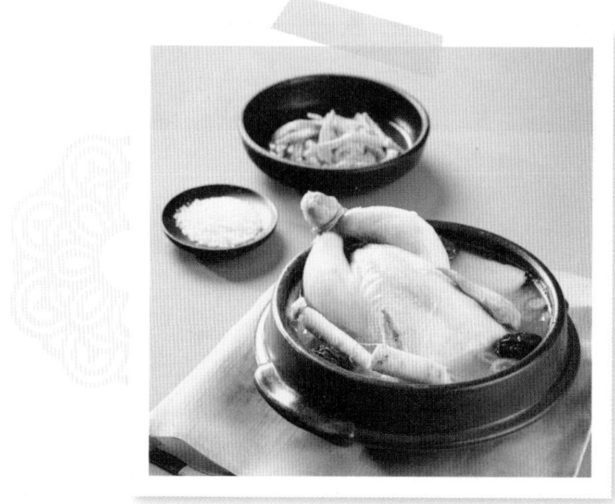

여름에 일정 기간 동안 비가 지속적으로 많이 내리는 것을 '장마'라고 하는데, 장마는 대체로 6월 하순에 시작하여 7월 하순 즈음에 끝난다. 장마철이 되면 많은 양의 비가 내려, 습도가 높아지고 날씨는 후텁지근해진다. 장마가 끝나면 본격적으로 더운 날씨가 시작된다.

The rainy season during summer is called *Jangma*, and it usually starts in late June and ends around late July. In this rainy season, heavy rain increases the humidity and brings about sultry weather. The hottest days of the year start with the end of the rainy season.

가을의 절기로 입추, 처서, 추분 등이 있다. 입추는 가을의 시작을 알리는 절기이다. 처서는 일교차가 커지는 날로 이 날이 지나면 점점 날씨가 추워진다. 추분은 밤과 낮의 길이가 같은 날로 이 날부터 밤이 길어지는데 비슷한 절기로서 봄 절기에 속하는 춘분이 있다. 춘분은 낮과 밤의 길이가 같다는 점에서 추분과 비슷하나, 춘분을 기점으로 낮이 길어진다는 점에서 추분과 다르다.

In autumn, there are seasonal divisions such as *Ipchu* (the first day of autumn), *Cheoseo* (around the end of August), and *Chubun* (the autumnal equinox). *Ipchu* marks the start of autumn. *Cheoseo* is the day from which the daily temperature range starts to grow bigger, and the weather gets colder after this day. On *Chubun*, similar to *Chunbun* (the spring equinox), the lengths of day and night are the same. The difference between the two equinox days is that the days lengthen after *Chunbun*.

겨울의 절기에는 입동, 소한, 대한, 동지 등이 있다. 입동은 겨울이 시작되는 절기이다. 소한(小寒)과 대한(大寒)은 각각 작은 추위와 큰 추위를 말한다. 이름으로만 보면 대한이 더 추울 것 같지만 대한이 소한의 집에 놀러 갔다가 얼어 죽었다는 말이 있을 정도로 소한이 더 춥다. 동지는 1년 중 밤이 가장 긴 날로 동지에는 붉은 팥죽을 먹으며 도깨비와 귀신을 쫓았다.

Ipdong (the onset of winter), *Sohan* (the period of lesser cold), *Daehan* (the period of greater cold) and *Dongji* (the winter solstice) are seasonal division of winter. *Sohan* and *Daehan* each mean lesser and greater cold. Despite the meanings of its names, period during *Sohan* is actually colder than *Daehan*. *Dongji* has the longest night of the year and people ate red bean gruel to drive out goblins and ghosts.

삼한사온은 한국의 겨울에 특징적으로 나타나는 기후 현상이다. '삼한사온(三寒四溫)'이란 삼일 동안 춥고, 사일 동안 따뜻한 날씨가 된다는 의미이다. 이러한 현상은 주로 7일을 주기로 규칙적으로 반복되나 일정하지 않은 경우도 있다.

The cycle of three cold days and warm four days is a unique climate phenomenon of winter in Korea. This phenomenon usually occurs regularly on seven-day periods, but with some irregularity.

한국의 사계절

이번 단원에서 배운 내용을 확인해 봐요.

1 다음은 어떤 계절에 사용하는 물건이에요?

(1)

계절	물건 이름

(2)

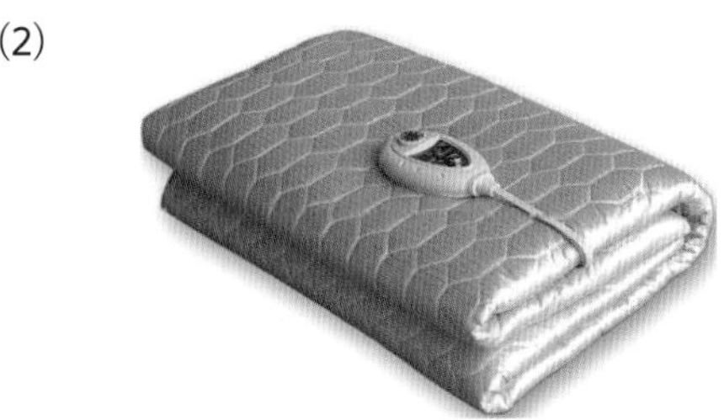

계절	물건 이름

2 다음을 보고 관련 있는 것끼리 연결해 보세요.

계절	무슨 음식을 먹어요?	음식 이름
(1) 봄	①	㉮ 화전
(2) 여름	②	㉯ 붕어빵
(3) 가을	③	㉰ 밤
(4) 겨울	④	㉱ 팥빙수

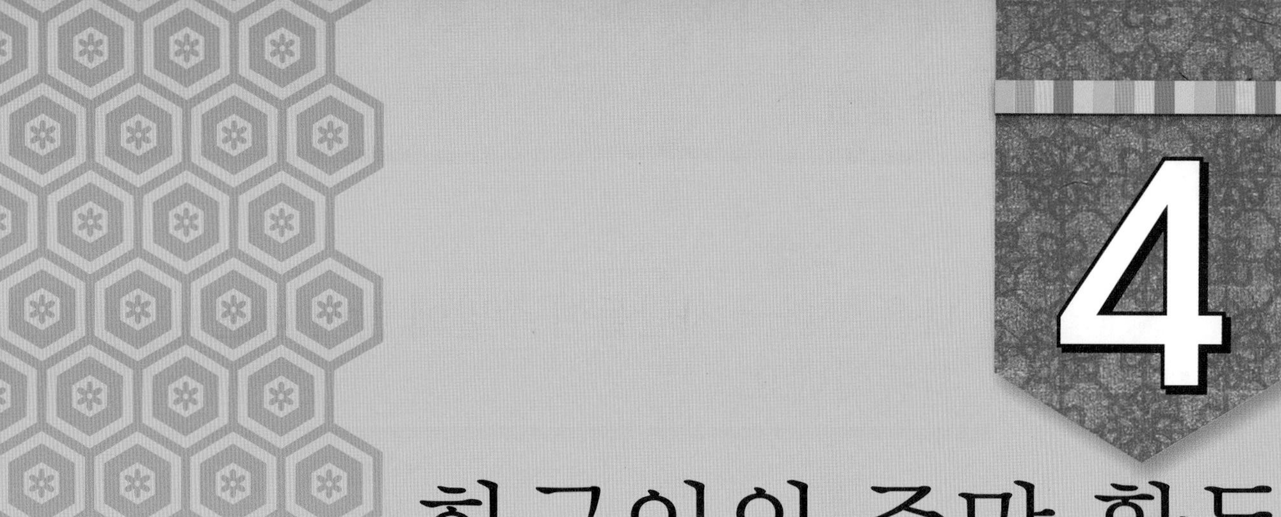

한국인의 주말 활동

학습목표

한국인의 다양한 주말 활동을 안다.

한국인의 다양한 주말 활동을 체험한다.

한국인의 변화된 주말 모습을 이해한다.

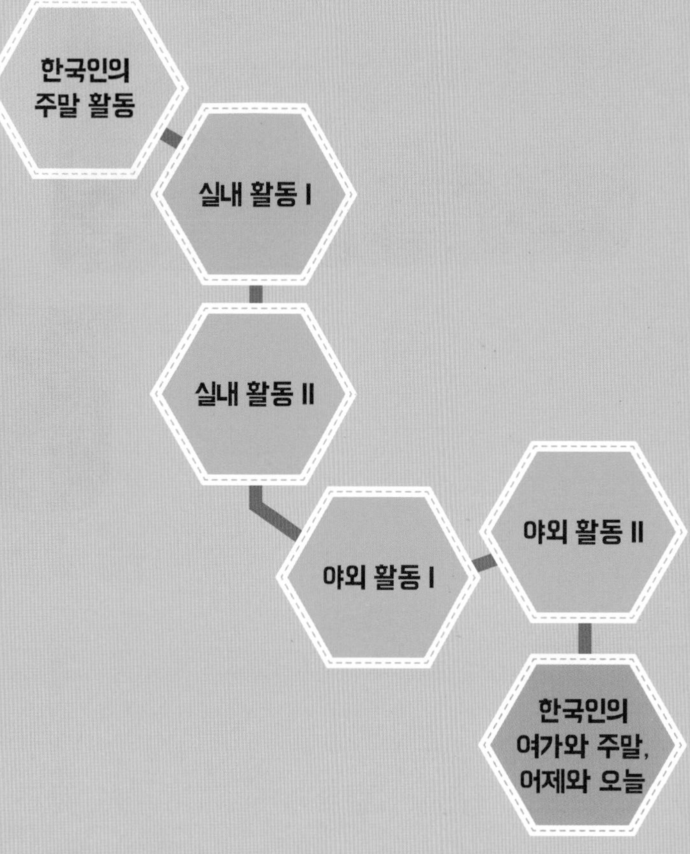

한국인의 주말 활동

다음은 한국 사람들이 주말에 많이 하는 활동이에요.

한국 사람들의 주말 모습이 여러분 나라와 비슷해요, 달라요?
여러분은 주말에 무엇을 하면서 보내요?

한국 사람들의 주말 모습이에요.

한국 사람들은 이렇게 주말을 보내기도 해요.

찜질방, 사우나

사람들은 피곤할 때 이렇게 쉬면서 주말을 보내기도 해요.

컴퓨터 게임, SNS 활동

노래나 게임을 좋아하는 사람들은 여기에 가기도 해요.

PC방

노래방

다음과 같은 바깥 활동을 하며 주말을 보내기도 해요.

봉사 활동

인라인 스케이트

여러분 나라에서는 주말에 어떤 활동을 해요?

	집에서	밖에서
가족과 함께		
친구와 함께		

한국 사람들에게 여러분 나라의 주말 활동을 소개해 주세요.

	사람들이 많이 하는 주말 활동
1위	
2위	
3위	
4위	
5위	

한국 사람들의 주말 모습과 어떤 점이 가장 비슷하고,
어떤 점이 가장 달라요?

찜질방에 대해 알아봐요.

자, 찜질방에 왔어요.
같이 들어가 볼까요?
황토방

입구에서 찜질복과 수건, 열쇠를 받아서 들어가요.

찜질방 안에는 불가마 사우나, 얼음방, 안마 의자,
간식 등 다양한 즐길 거리가 있어요.

찜질방에 가면 이렇게 머리에 양머리 모양 수건을 쓴 사람들이 많아요.

지금부터 저를 따라서
수건으로 양머리를
만들어 봐요.

먼저, 수건을 준비해 주세요.

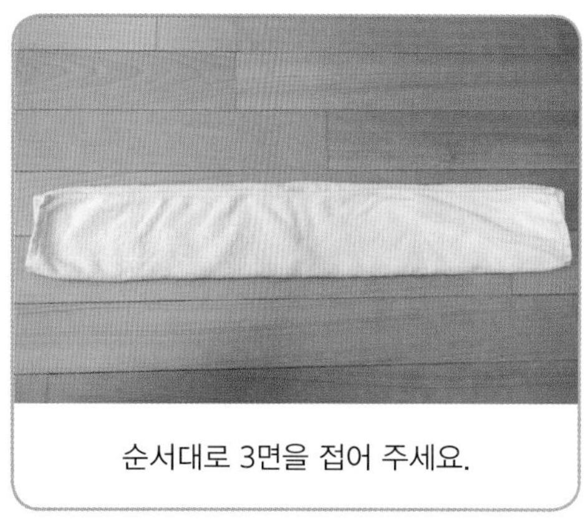

순서대로 3면을 접어 주세요.

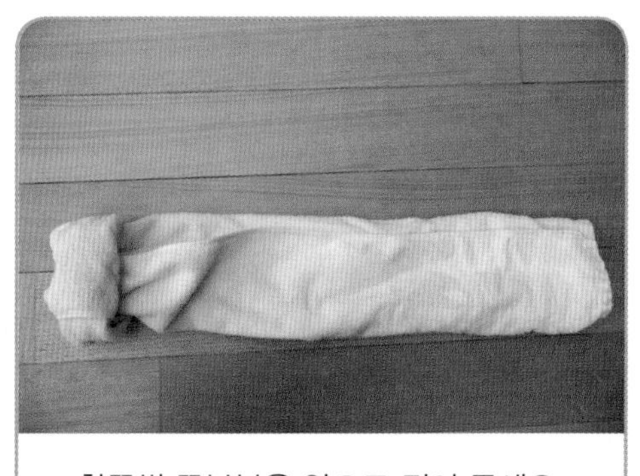

한쪽씩 끝부분을 안으로 접어 주세요.

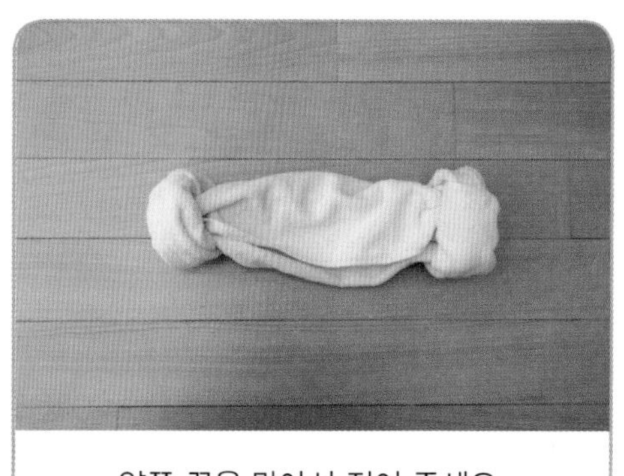

양쪽 끝을 말아서 접어 주세요.

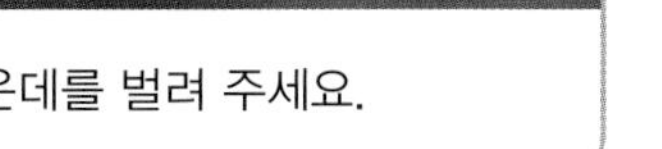

가운데를 벌려 주세요.

머리에 맞게 써 보세요.

노래방에 가 본 적이 있어요?

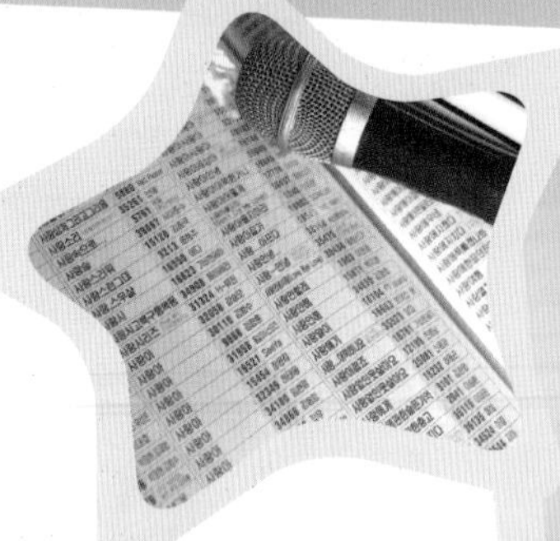

부르고 싶은 노래를 찾으세요.

부르고 싶은 노래의 번호를 누르세요.
그리고 '시작' 버튼을 누르세요.

마이크를 들고 노래를 시작하세요.
탬버린을 치고 신나게 춤도 추세요.

좋아하는 한국 노래가 있어요?
친구들과 함께 즐겁게 노래를 불러 봐요.

한강은 주말에 어떤 모습일까요?

한강은 서울 중심에 있어서 서울 어디에서나 쉽게 갈 수 있어요.
그리고 주위에 공원이 많이 있어서 재미있게 시간을 보낼 수 있어요.
그래서 서울 사람들은 주말이 되면 가족, 친구, 연인과 함께 한강을 찾아요.

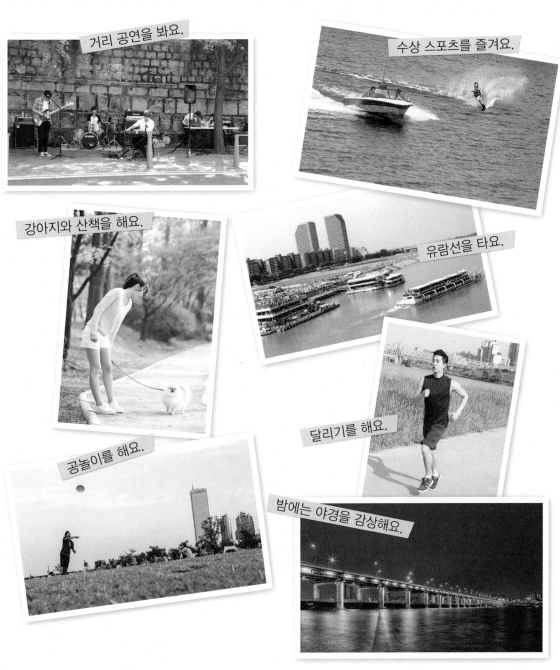

거리 공연을 봐요.

수상 스포츠를 즐겨요.

강아지와 산책을 해요.

유람선을 타요.

달리기를 해요.

공놀이를 해요.

밤에는 야경을 감상해요.

여러분은 한강에서 어떤 활동을 하고 싶어요?

한국 사람들 중에는 주말에 등산을 가는 사람이 많아요.

❸ 등산 중

어? 산에 절이 있네요.

네, 한국에는 보통 산에 절이 있어요.

❷ 산 입구 다양한 가게가 줄지어 있는 길

정말 맛있겠어요. 우리 밥 먹고 갈래요?

정상에 올라갔다가 내려오면서 먹어요~

파전

❶ 등산복 매장

이거 어때요?

오~ 잘 어울려요.

여러분 나라에서는 사람들이 주말에 무엇을 자주해요?
등산을 가는 사람이 많아요?

한국인의 여가와 주말, 어제와 오늘 Koreans' leisure times and weekends

도시인의 생활 리듬은 일주일을 기준으로 반복된다. 월요일부터 금요일까지 열심히 일하고 금요일 오후부터는 휴식을 갖는다. 그래서 '불금(불타는 금요일)'이라는 말이 생길 정도로 금요일 밤부터 시작되는 주말을 기다린다. 그럼 옛날 한국 사람들도 지금처럼 일주일을 주기로 바쁜 생활을 했을까? 그렇다면 시대에 따라 한국인이 여가를 보내는 모습은 어떻게 달랐는지 과거 속으로 시간 여행을 떠나 보자.

The routine of urbanites is repeated on a weekly basis. People work hard from Monday to Friday and take some time to relax after Friday afternoon. This even created the term *Bulgeum* (Burning Friday), showing how much people long for the weekends. This raises a question: Did Koreans of old times also lead busy lives on a weekly basis? Let's look into the past and see how the leisure time of the Korean people has changed over time.

과거 한국은 농경 사회였다. 과거 농경 사회에서는 지금처럼 노동과 여가 시간을 따로 구분 짓는 것이 아니라 일과 일을 하는 사이사이에 여가를 즐겼다. 대체로 농경 사회는 농사일로 바쁜 농번기와 농사일이 없는 농한기로 구분하는데, 농번기에는 해가 뜨면서부터 해가 질 때까지 일을 해야 했고, 농사일이 없는 농한기에는 윷놀이를 하며 여가를 보냈다. 하지만 부지런한 농부들은 농한기를 이용해 새끼를 꼬거나 가마니, 광주리와 같은 생활용품을 만들며 시간을 보내기도 했다. 예로부터 춤과 노래를 좋아했던 한국인들은 바쁜 농사일 중에도 짬이 생기면 간단한 전통 악기를 연주하며 노래를 부르고 춤을 추면서 노동의 고단함을 잊고자 하였다.

Korea was an agrarian society in the past, and people did not separate labor and leisure time but just enjoyed spare time between their work. In agrarian societies, a year is divided into the busy farming season and the off-season without farm work. People worked from sunrise to sunset in the farming seasons and spent their leisure time playing games such as *Yunnori* during the off-seasons. Some diligent farmers used the off-seasons to make daily supplies such as straw ropes and straw baskets. Korean people, who have enjoyed dancing and singing from the old times, chanted songs, danced and played simple musical instruments even during their busy farm work to forget about the fatigue of labor.

현대로 오면서 한국 사회도 점점 산업화되고, 그에 따라 많은 사람들이 도시로 몰려들면서 한국인들의 삶도 바쁘고 힘들어져 갔다. 특히 한국은 일본 식민지 지배와 한국전쟁을 겪으면서 경제적으로 매우 어려운 시기를 경험했다. 경제를 발전시켜 풍요롭게 살자는 사회 분위기 속에 한국 사람들은 '여가'는 잊은 채 열심히 일만 하고 살았다. 그 결과 한국 사회는 경제적으로 급격한 성장을 이룰 수 있게 되었다.

In modern times, the lives of Korean people became harder and busier with the rise of industrialization and influx of population to the cities. Korea went through economic hardships, in particular during the Japanese colonization period and during the Korean War. Living in the social atmosphere emphasizing economic development after these difficulties, Korean people focused on hard work and forgot about leisure. Consequently, Korea was able to achieve rapid economic development.

이렇게 힘들고 어려운 60~70년대를 지나면서 한국 사회는 빠르게 성장해서 경제적으로는 풍요로워졌지만 사람들의 삶은 그다지 풍요로워지지 않았다. 이 과정에서 도시 근로자들은 풍요로운 삶을 되찾기 위해 여러 가지 노력을 하였으며, 이러한 진통의 과정을 거치면서 근로 시간이 점차 축소되어 '주 6일 근무'에서, '격주 토요 휴무'를 거쳐 '주 5일 근무'가 가능해졌다.

'주 6일 근무'에서 '주 5일 근무'로 변화하는 과정에서 '토요일 오전 근무', '놀토(노는 토요일)' 등의 말이 생기기도 했다. 또 과거에는 '토요일 밤'이라는 말이 들어간 노래들이 유행한 적이 있었는데, 지금은 '불금(불타는 금요일)'이라는 표현이 그 자리를 대체했다. 즉 과거의 주말이 '토요일 오후부터 일요일까지'라면 지금의 주말은 '금요일 밤부터 일요일까지'인 것이다.

The Korean economy prospered after the difficult times of the 1960s and 70s, but people were not leading decent lives. Urban workers struggled to lead richer lives and during this process, working hours gradually reduced from 6-day workweek to biweekly Saturday work, and eventually a 5-day workweek was achieved.

During the process from 6-day workweeks to 5-day workweeks, terms such as "Saturday morning shift" and "Work-free Saturday" called *Nolto* appeared. Also songs with lyrics including "Saturday night" were popular in the past, but now this is replaced by the new expression, *Bulgeum* (Burning Friday). This shows how the concept of the weekend changed from "Saturday afternoon to Sunday" to "Friday night to Sunday."

경제적인 풍요와 시간적 여유를 함께 갖게 된 한국인들은 점차 여가 생활에 관심을 갖게 되었다. 그에 따라 자동차 판매량이 증가하고, 각종 매체가 발달하고 관광, 레저, 스포츠 산업이 함께 발달하게 되었다. 이러한 산업의 발달은 사람들이 여가 생활을 보다 본격적으로 할 수 있게 이끌었다. 그 결과 많은 사람들이 주말을 이용해 등산, 자전거, 수영, 공연 감상, 여행, 전시장 관람 등 자신이 좋아하는 것을 하면서 시간을 보내고 있다. 1980년대의 주말은 휴식을 통해 새로운 에너지를 충전하는 시간이었다면, 지금의 주말은 단순히 쉬는 시간이 아닌, 좋아하는 활동을 하는 시간으로 개념이 변화하고 있는 것이다.

After attaining economic prosperity and spare time, Korean people started to take more interest in leisure activities. As a result, automobile sales increased, various media sprouted up, and industries such as tourism, sports, and leisure activities started to grow. Thanks to the advancement in these industries, now many people spend their spare time doing the activities of their choice, including hiking, riding bicycles, swimming, going to concerts, traveling or seeing exhibitions. If the weekend was time for people to relax and regain energy in 1980s, now it is used as the time for preferred leisure activities.

이렇게 사회의 변화에 따라 한국인들이 여가 시간을 보내는 모습도 달라지고, 그와 더불어 여가에 대한 인식에도 자연스러운 변화가 일어났다. 일을 위해서라면 여가 시간도 당연히 포기할 수 있다고 생각했던 과거와 달리, 점차 여가 시간을 즐기는 것이 일의 능률을 높이는 것이라고 생각하며 일 못지않게 개인의 여가 시간도 중요하다고 인식하게 되었다.

As the aspects of leisure time altered in accordance with changes in society, there were also changes in peoples' perception on leisure. Unlike the past when people were willing to sacrifice their free time for work, now enjoying free time is seen to enhance efficiency at work and individuals' leisure time is valued equally with work.

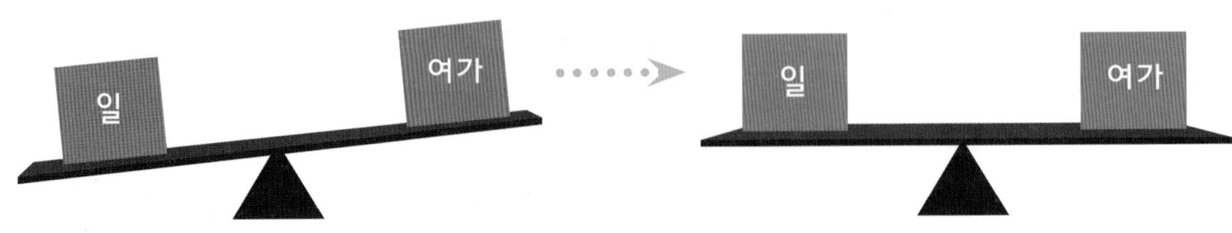

여가 시간이 늘고 여가 생활을 즐기는 사람들이 늘어나면서 사람들의 머릿속에서 '여가'는 이제 더 이상 '일과 일 사이의 비는 시간', 즉 단순히 일을 좀 더 잘하기 위한 신체적, 정신적 휴식의 시간, 재충전의 시간이 아니다. 다시 말해 사람들은 '여가 시간'을 '자신을 위해 쓰는 시간'으로 인식하게 된 것이다. 이에 따라 사람들은 '여가 시간'을 하나의 독립적인 시간으로 인식하고, 여가를 위해 나름의 계획을 세우고 실행해 옮긴다. 친구나 가족들과 즐거운 시간을 보내기 위한 계획을 세우고 꼼꼼히 준비하고 여가를 즐긴다. 때로는 악기나 운동을 단계적으로 배우는 등 취미를 넘어서 보다 전문적인 활동을 하기도 한다.

한국 사회에서 주말과 여가 시간은 여러 가지 모습으로 변화해 왔다. 여가에 대한 한국의 과거와 현재를 살펴보면서 '한국인의 생활'에 대해 다시 한 번 생각해 보자.

With the increase of leisure time, leisure is no longer merely perceived as "time between work," or "simple break time needed for better performance in work." In other words, leisure time is now perceived as "time spent on one's own account." Accordingly, people see leisure time as time for themselves and set their own plans for it. People sometimes plan to spend good times with family and friends, or even commit to more self-development activities such as learning sports or musical instruments.

In Korean society, the concept and form of weekends and leisure time have changed with the times. Let's take some time to think about "lives of Koreans" looking at the past and the present of leisure in Korea.

한국인의 주말 활동

이번 단원에서 배운 내용을 확인해 봐요.

1 다음 대화에 알맞은 주말 활동을 써 보세요.

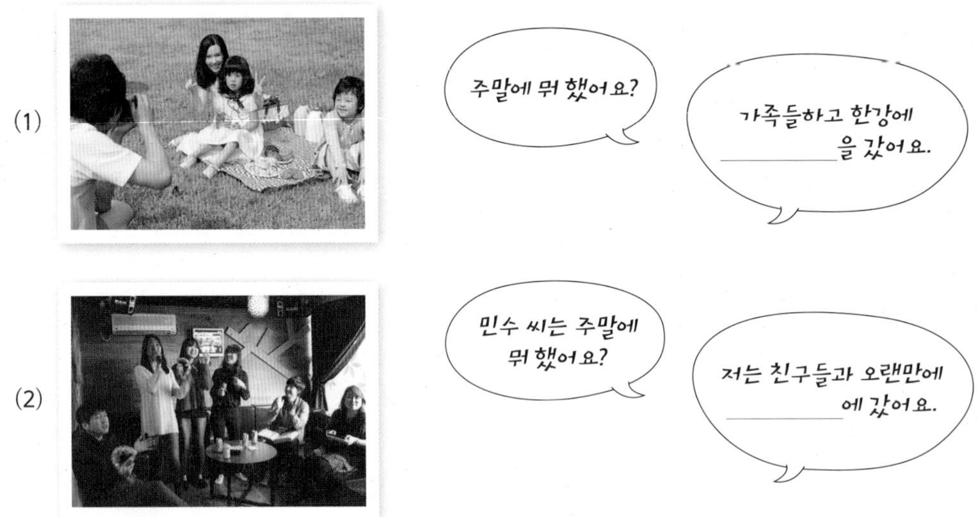

(1)
주말에 뭐 했어요?
가족들하고 한강에 ________을 갔어요.
(2)
민수 씨는 주말에 뭐 했어요?
저는 친구들과 오랜만에 ________에 갔어요.

2 다음을 보고 관련 있는 것끼리 연결해 보세요.

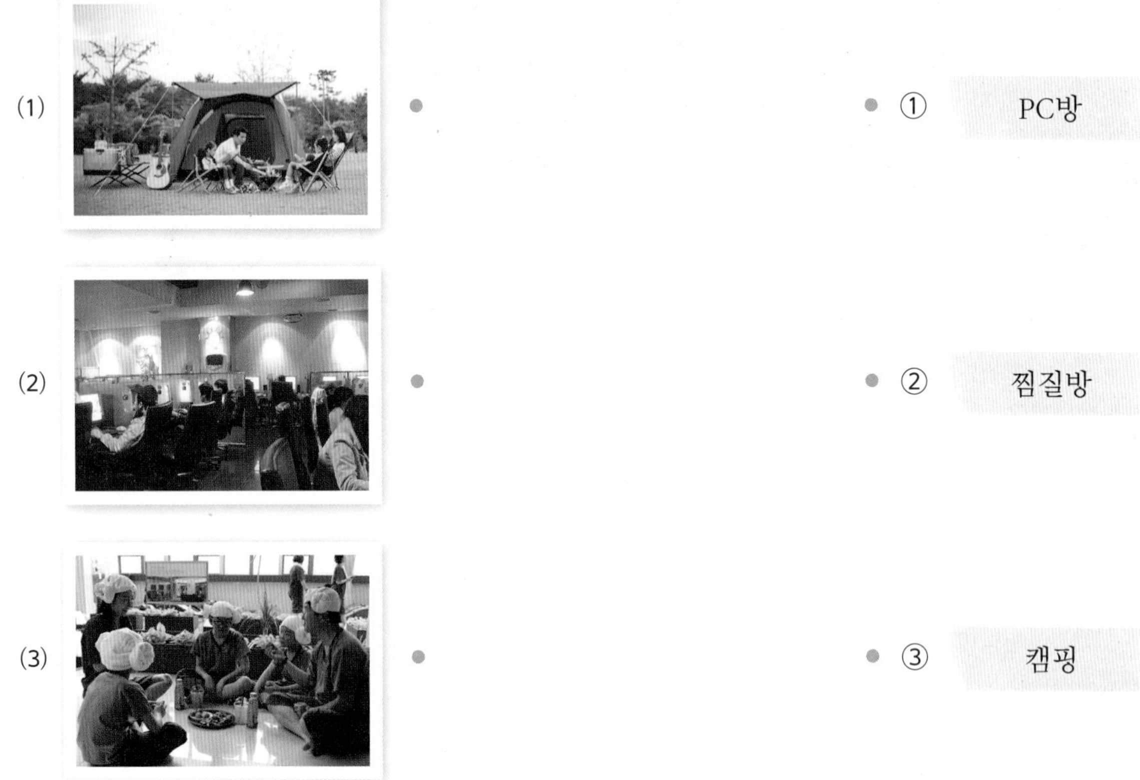

3 한국 사람들은 찜질방에서 무엇을 해요? 이야기해 보세요.

한국 음식

학습목표

다양한 한국 음식에 대해 안다.

한국인들이 상황에 따라 즐겨 먹는 음식과 한국의 식사 예절에 대해 안다.

한국의 발효 음식에 대해 안다.

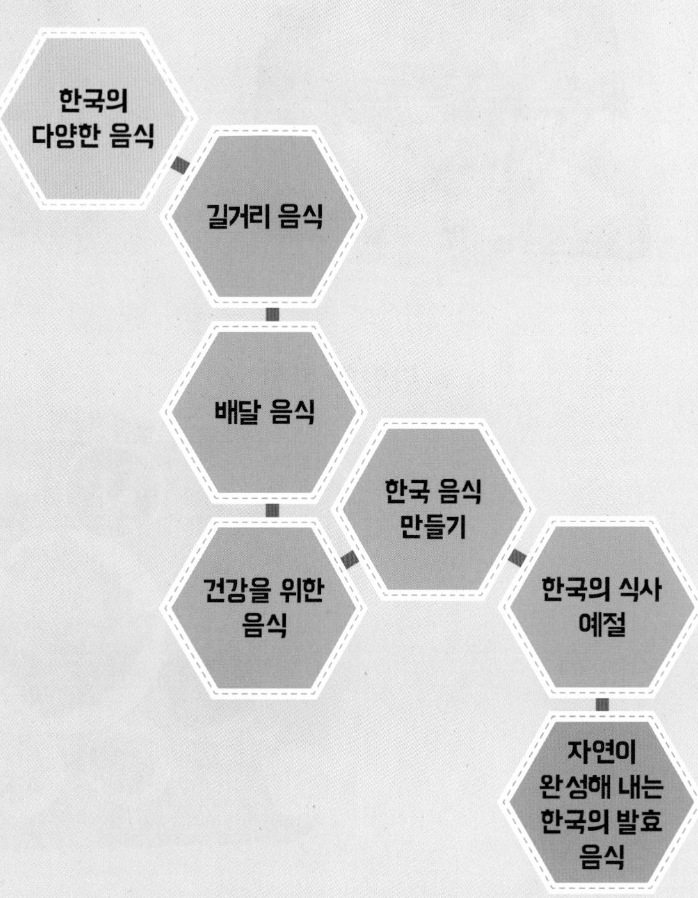

한국 음식에 대해 알아봐요.

한국의 다양한 음식

한국 사람들이 평소에 먹는 음식이에요.

밥

국

찌개

다양한 반찬

한국 사람들은 식당에서 무슨 음식을 먹을까요?

불고기

삼겹살

갈비

냉면

닭갈비

감자탕

설렁탕

칼국수

한국 사람들은 생일이나 명절 등 특별한 날에 무슨 음식을 먹을까요?

미역국

미역국은 미역을 넣고 끓이는 국이에요.
한국에서는 아이를 낳은 사람에게 제일 먼저 밥과 함께 미역국을 끓여 줘요.
그리고 생일에도 미역국을 먹으며 생일을 축하해요.

떡국

한국에서는 설날에 떡국을 먹어요.
한국인들은 설날에 떡국을 먹는 것을 나이를 먹는 것이라고 생각해요.
그래서 떡국을 먹은 후에 한 살 더 먹었다고 얘기해요.

송편

송편은 추석에 먹는 떡이에요.
반달 모양의 송편을 먹으면서 보름달처럼 건강, 행복, 일 등이 둥글게 완성되기를 바라요.

팥죽

한국에서는 동지에 팥죽을 먹어요.
팥죽을 먹으면 귀신이 쫓겨나 나쁜 일이 생기지 않을 것이라고 생각했어요.

여러분 나라에서는 무슨 음식을 먹어요?

여러분이 평소에 먹는 음식 중 한 가지를 선택하여 소개해 봐요.

나라 이름(지역)	음식	특징

여러분 나라에서는 생일이나 명절 등 특별한 날에 무엇을 먹어요? 빈칸을 채워 봐요.

여러분 나라에는 어떤 특별한 날이 있어요? 그날 무엇을 먹어요?

한국의 특별한 날	음식
생일	미역국
설날	떡국
추석	송편

여러분 나라의 특별한 날	음식
생일	

1 길거리 음식

다음은 한국 사람들이 좋아하는 길거리 음식이에요.

영희네 분식

어묵 닭꼬치 떡볶이 순대 호떡

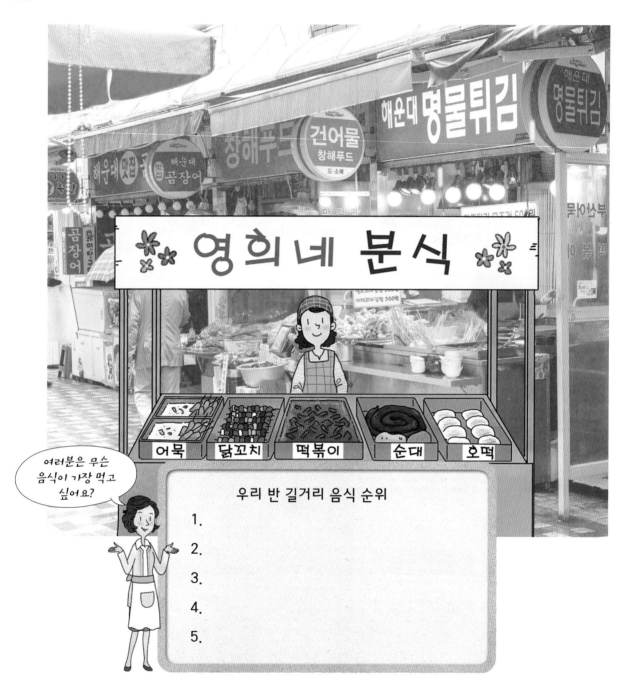

여러분은 무슨 음식이 가장 먹고 싶어요?

우리 반 길거리 음식 순위

1.
2.
3.
4.
5.

한국 사람에게 추천하고 싶은 여러분 나라의 길거리 음식에 대해 이야기해 봐요.

음식	이유

한국 사람들은 음식을 시켜서 먹어요. 어떤 음식을 먹어요?

여러분 나라에도 배달 문화가 있어요?

한국에서 어떤 음식을 배달시켜 먹고 싶어요?

다음은 한국 사람들이 건강을 위해서 먹는 음식이에요.

삼계탕

한국 사람들은 더운 여름에 더위를 이기기 위해 삼계탕을 먹어요.
삼계탕은 닭, 인삼, 황기, 대추, 은행, 마늘 등과 같이 몸에 좋은 재료로 만들어요.

죽

불린 쌀을 볶다가 물을 많이 넣고 끓인 음식이에요. 죽이 소화가 잘되기 때문에 한국 사람들은 아플 때 죽을 먹어요.

장어

장어는 힘을 내기 위해서 먹는 음식이에요.
장어에는 다양한 영양소가 들어 있어서 먹으면 힘이 나요.

여러분 나라에서는 이럴 때 어떤 음식을 먹어요?

상황	음식	이유
아주 덥거나 추울 때		
아플 때		
힘을 내야 할 때		

쓱싹쓱싹 비벼 먹는 오색 비빔밥을 만들어 봐요.

1 비빔밥 재료를 준비한다.

2 채소는 팬에 볶는다.

3 그릇에 밥을 담고 볶은 채소와 달걀을 올린다.

4 마지막으로 가운데 고추장을 넣고 비벼 먹는다.

다양한 채소가 들어간 잡채를 만들어 봐요.

1 당면을 1시간 정도 물에 불린다.

2 양파, 당근, 버섯을 채 썬다.

3 소고기와 표고버섯은 양념에 재워 둔다.

4 시금치는 물에 데친다.

5 팬에 마늘을 넣고 소고기를 먼저 볶는다.

6 5에 양파, 당근, 표고버섯, 당면, 시금치 순서로 볶는다.

 여러분은 비빔밥에 어떤 재료를 넣고 싶어요?

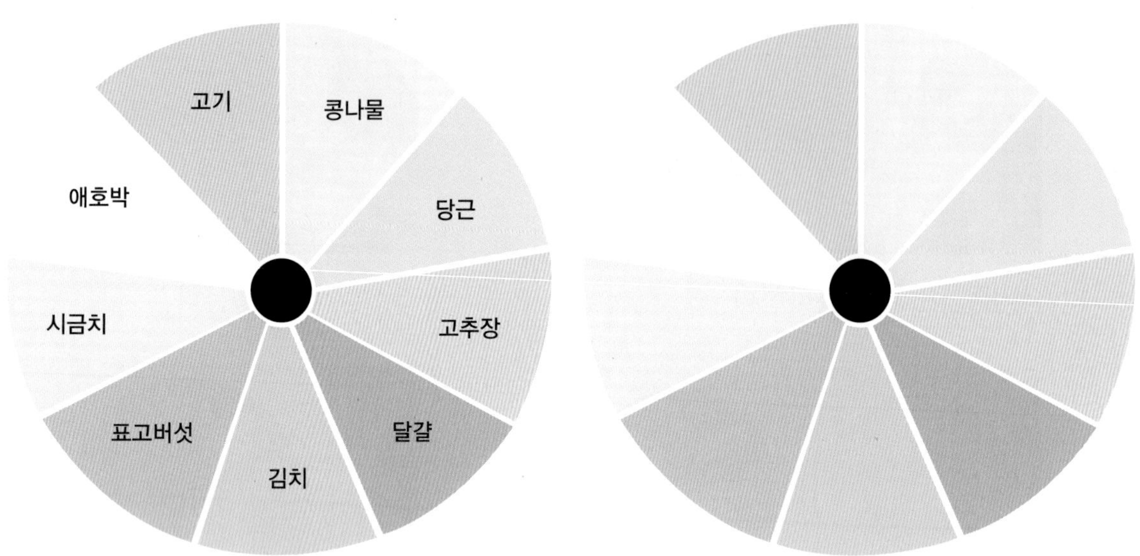

 비빔밥에 넣고 싶은 재료를 말해 봐요. 돌림판을 만들고 그 재료들의 이름을 쓴 후 '최고의 비빔밥'을 만드는 게임을 시작해 봐요.

게임 방법

① 돌림판에 있는 재료 '고기, 콩나물, 당근, 고추장, 달걀, 김치 등'의 이름이 적힌 카드 또는 사진을 준비해요.

② 3~4명씩 한 조를 만들고 그릇 모양의 사진도 준비해요.

③ 각 조의 조원은 한 사람씩 돌아가며 다른 조의 대표들과 모여 가위바위보를 해요.

④ 가위바위보를 해서 이긴 조원은 돌림판을 돌려요.

⑤ 돌림판에서 나온 재료의 이름 카드 또는 사진을 가지고 와요.

⑥ 그리고 그릇 모양 사진에 붙여요.

⑦ 게임이 끝난 후 전체 학생들의 비빔밥 사진을 모아 두고 가장 맛있어 보이는 비빔밥을 선택해요.

⑧ 가장 많은 학생들이 선택한 비빔밥이 '최고의 비빔밥' 게임에서 우승하는 것이에요.

한국과 다른 나라의 식사 예절은 어떻게 다를까요?

한국 사람들은 식사할 때 손이나 팔꿈치를 상에 올려놓지 않아요.

한국 사람들은 식사할 때 숟가락과 젓가락을 사용하지만 숟가락과 젓가락을 동시에 사용해서 밥을 먹지 않아요.

한국 사람들은 그릇을 들고 식사하지 않아요.

한국 사람들은 식사를 할 때 코를 풀지 않아요. 밖에 나가서 코를 풀어야 해요.

자연이 완성해 내는 한국의 발효 음식 Fermented food of Korea, made in nature's hand

인류는 각기 다른 자연환경에 따라 독특한 문화를 형성해 왔다. 그중 자연환경에 가장 크게 영향을 받는 것이 바로 식문화이다. 자연환경에 따라 식재료와 조리법 등이 다르기 마련인데, 한국 음식 역시 자연환경에 큰 영향을 받으며 발전해 왔다. 한국의 경우 사계절이 뚜렷하고 전통적으로 벼농사를 중심으로 한 농경 문화가 발달하여 다양한 곡식이 난다. 또한 삼면이 바다로 둘러싸여 있어서 수산물이 풍부하다.

Humankind has developed unique cultures depending on the different natural environments. Foremost, dietary life is closely related to natural environment. Food ingredients and recipes differ based on what is locally available, and Korean food is no exception. Korea has four distinct seasons and was a traditional agrarian society primarily based on rice farming and the production of various kinds of grains. Korea, whose 3 sides are surrounded by the sea, also has abundant marine products.

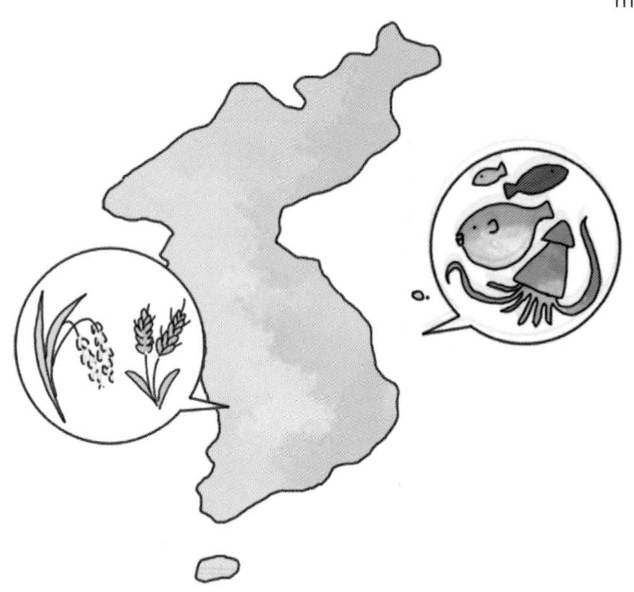

한국 사람들은 과학적 원리를 바탕으로 자연과 조화되는 고유의 음식 문화를 이루어 왔다. 추운 겨울이나 더운 여름에도 오랫동안 보관하여 먹을 수 있는 장류나, 김치, 젓갈류, 주류 등 발효 음식이 발달한 것이 바로 그 대표적인 사례이다.

Korean people have developed a unique food culture based on scientific principles and natural balance. Fermented foods, such as paste sauces, *Kimchi*, salted seafood, and many kinds of liquor, developed for long-term storage, even through cold winter or hot summer days.

대표적인 발효 음식으로 간장, 된장, 고추장이 있는데, 이는 모두 콩으로 만든다. 대두를 삶은 다음 으깬 후 그것을 네모난 모양으로 뭉쳐 짚으로 엮으면 메주가 된다. 장을 만들기 위해서 가장 먼저 해야 하는 것이 바로 이 메주 만들기이다. 메주를 짚으로 엮어 두면 짚에 붙은 발효균이 콩의 단백질을 먹으면서 발효 과정이 시작된다.

Ganjang (soy sauce), *Doenjang* (soybean paste) and *Gochujang* (red pepper paste) are the most typical examples of foods that are all made from fermenting beans. Making *Meju* is the first step in making these fermented foods. After soybeans are boiled, they are mashed, formed into a brick, and tied up with straw to hang, ferment, and age. This is called *Meju*. The fermentation process begins when the zymogen in the straw wrapped around the brick starts to eat the protein in the soybeans.

메주를 장독에 넣고 소금물에 담가 숙성시키면 그 물이 간장이 된다.

간장을 떠내고 남은 건더기를 건져 낸 후 으깨어 그것을 장독에 보관하면 된장이 된다.

고추장은 쌀가루에 고춧가루, 엿기름, 메줏가루, 소금 등을 넣고 섞어 발효시키면 완성된다.

이렇게 발효 과정을 거쳐 만들어진 간장, 된장, 고추장은 한국의 전통적인 음식 재료로, 음식의 간과 맛을 내는 데 널리 사용되고 있다.

Korean soy sauce called *Ganjang* is made when *Meju* is steeped in a crock of salt water and fermented.

After pouring out the soy sauce *Ganjang*, the leftovers are mashed and stored in the crock to become soybean paste called *Doenjang*.

When *Meju* powder is mixed with powdered red pepper, rice flour, malt, and salt, and fermented again, it becomes Korean red pepper paste called *Gochujang*.

As traditional Korean food ingredients, *Ganjang*, *Doenjang*, and *Gochujang*, all of which are fermented, are used to season and flavor food.

한국 사람들은 겨우내 먹을 김치를 초겨울에 담가서 저장한다. 이를 김장이라고 하는데, 김장은 2013년에 유네스코 인류 무형 문화유산에 등재되었다. 김장은 월동 준비의 필수적인 부분으로 김장철마다 대규모의 김장 행사가 열린다. 이러한 대규모 행사에서 담근 김치를 나누어 먹으며, 한국인들은 나눔의 문화를 실천한다.

In early winter, Korean people make and store kimchi for the winter season. This process is called *Gimjang* and it was listed as a UNESCO intangible cultural heritage property in 2013. *Gimjang* is a crucial part in the preparations for winter, and large-scale annual events are held for every *Gimjang* season. At these events, Korean people practice the spirit of giving by sharing the *kimchi* they made.

한국인의 김장 준비는 일찍부터 시작된다. 봄철에는 새우나 멸치 등의 해산물을 소금에 절여 둔다. 여름에는 쓴맛이 빠진 천일염을 구입해 둔다. 늦여름에는 빨간 고추를 말려서 가루로 빻아 고춧가루로 만들어 둔다. 그리고 또한 늦가을에 주부들은 날씨를 고려하여 김장에 알맞은 날짜를 결정한다. 이 시기가 되면 뉴스에서도 지역마다 김장하기 좋은 시기를 알려준다.

이렇게 담근 김장 김치는 적절한 온도에서 보관해야 맛도 있고 오래 먹을 수 있다. 옛날에는 김치를 담은 항아리를 땅에 묻어 보관하였고, 오늘날에는 주로 김치냉장고에 보관한다.

Korean people begin preparing for *Gimjang* early in the year. In spring, they preserve seafood such as shrimp and anchovies in salt. In summer, they purchase sun-dried salt that no longer has a bitter taste. In late summer, red peppers are dried and ground into powder. Housewives choose the date for *Gimjang* based on weather predictions in the fall. At this time of year, the news programs also report the best times for *Gimjang* from region to region.

The *Kimchi* made during *Gimjang* season should be stored at the proper temperature for the best flavor and longevity. In former times, *Kimchi* was stored in crocks and then buried underground, but now it is mostly stored in *Kimchi* refrigerators.

젓갈은 생선의 살이나 알, 창자 등을 소금에 절여 숙성시켜 만든 식품을 일컫는 말로, 재료에 따라서 새우젓, 조개젓, 밴댕이젓, 멸치젓 등 종류가 다양하며 김장을 담글 때 넣거나 밑반찬으로 먹는다.

Jeotgal is made when the flesh, eggs or intestines of fish are fermented with salt. There are various kinds of *Jeotgal* based on its ingredients, such as shrimp, clam, herring, and anchovy. *Jeotgal* is added to the *Kimchi* recipe or eaten as a side dish.

곡물을 원료로 발효시키거나 포도, 사과 등 달콤한 과실을 발효시켜 만든 술을 발효주라고 한다. 한국의 대표적인 술의 하나인 막걸리도 쌀이나 밀에 누룩과 물을 섞어 발효시켜 만든 발효주이다. 이외에도 명절이나 잔치 때 즐겨 먹던 음료인 식혜가 있다. 식혜는 밥을 발효시켜 만드는 음료이다. 멥쌀이나 찹쌀로 밥을 지은 다음 엿기름물에 풀어 하룻밤을 따뜻하게 둔다. 그러면 밥이 삭는데, 그렇게 발효된 밥에 설탕이나 꿀을 넣고 한 번 끓인 후 식히면 완성된다.

식재료를 이렇게 발효시키면 영양가가 높아지고 쉽게 변질되지 않아 오래 보관할 수 있다는 장점이 있다. 또한 발효의 과정을 거쳐 만들어진 음식은 예부터 맛도 좋고 건강에도 좋아 한국 사람들에게 오랫동안 사랑받고 있다.

Alcoholic drinks made from fermenting grains, grapes, and apples are called fermented wine. *Makgeolli*, which is one of the most classic alcoholic drinks in Korea, is also a type of fermented beverage made by mixing yeast, water and rice, or sometimes wheat, and fermenting the mixture. There is another popular beverage called *Sikhye*, which was widely enjoyed on holidays and at parties. To make *Sikhye*, cooked glutinous rice is mixed with malt, and then left at a warm temperature over night to ferment. Afterwards, it is boiled with an addition of honey or sugar and then cooled.

Fermenting food ingredients has many benefits, such as increasing its nutritional value, reducing the risk of spoilage, and thereby increasing its shelf life. More importantly, however, fermented foods have been beloved by Korean people for a long time as they taste good and are healthy.

한국 음식

이번 단원에서 배운 내용을 확인해 봐요.

1 특별한 날에 먹는 음식에 대해 확인해 봐요.

	특별한 날	먹는 음식
(1)	생일	
(2)	설날	
(3)	추석	
(4)	동지	

2 한국의 식사 예절에 어긋나게 행동한 사람은 누구누구예요?

한국의 대중교통

학습목표

- 한국의 대중교통에 대해 안다.
- 서울의 버스와 지하철의 특징에 대해 안다.
- 한국의 교통수단이 어떻게 변화했는지 안다.

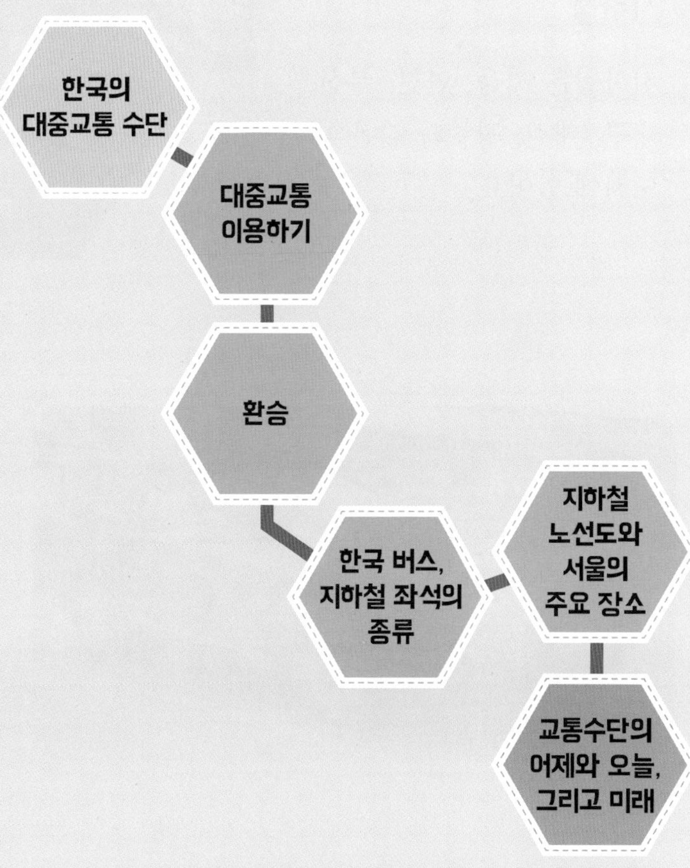

한국의 대중교통 수단

한국 사람들이 출퇴근할 때에는 어떤 대중교통을 많이 이용할까요?

시내버스

시내버스는 도시 안에서 이동할 때 타요.
가까운 시외도 다녀요. 대부분의 한국 도시에서 버스는 중요한 대중교통 수단이에요.

지하철

지하철은 서울, 인천, 부산, 대구, 대전, 광주와 같은 대도시에 있어요.

택시

택시는 길을 모르는 곳에 갈 때 편리하게 이동할 수 있어요.

한국 사람들이 다른 지방으로 이동할 때에는 어떤 대중교통을 이용할까요?

고속버스, 시외버스

고속버스는 보통 대도시에서 대도시를 갈 때 타는 버스예요. 서울, 부산, 대구, 대전, 광주와 같이 큰 도시를 빠른 속도로 이동해요. 시외버스는 고속버스가 가지 않는 도시를 갈 때 타는 버스예요. 시외버스는 정차하는 곳이 많아서 고속버스보다 시간이 오래 걸려요.

고속버스 (서울 → 부산) 소요 시간: 4시간

KTX, SRT

기차에는 KTX, SRT, 무궁화호, ITX새마을호가 있어요. KTX와 SRT는 한국 고속 철도 이름이에요. 한국의 주요 도시를 짧게는 한 시간에서 길게는 세 시간 안에 이동할 수 있어요.

KTX (서울 → 부산) 소요 시간: 2시간 20분
SRT (서울 → 부산) 소요 시간: 2시간 10분

무궁화호, ITX새마을호

고속철도가 없는 곳은 무궁화호와 ITX새마을호가 다녀요. 무궁화호는 ITX새마을호보다 더 많은 역에 서요.

무궁화호 (서울 → 부산) 소요 시간: 5시간 30분
ITX새마을호 (서울 → 부산) 소요 시간: 4시간 50분

한국 사람들이 다른 도시로 이동할 때 또 어떤 교통 수단을 이용할까요?

비행기

다른 지방을 이동할 때 비행기를 타기도 해요. 국내선 비행기를 이용할 수 있는 도시는 김포(서울), 제주, 김해(부산), 청주, 여수(순천) 등이 있어요.

(서울 → 부산) 소요 시간: 1시간

배

항구가 있는 도시에서는 배를 이용해서 다른 도시에 가기도 해요. 부산, 인천, 목포, 제주 등에서 이용할 수 있어요.

(목포 → 제주도) 소요 시간: 4시간 30분

한국의 대중교통과 여러분 나라의 대중교통은 어떤 점이 달라요?

여러분 나라의 대중교통에는 어떤 것들이 있어요?

유럽, 트램
영국, 이층버스
태국, 툭툭
호주, 수상택시
필리핀, 지프니

나라 이름(지역)	대중교통 수단	특징

마르코 오빠, 고향에서는 어떤 대중교통을 자주 이용했어?

고향에서는……

여러분은 어떤 대중교통을 자주 이용해요?
그 대중교통을 자주 이용하는 이유는 뭐예요?

한국에서 버스 타는 방법을 알아봐요.

한국에서는
대중교통을 이용할
때 주로 교통 카드로
돈을 내요.

❶

한국에서는 버스를 탈 때 앞문으로 타서 통에 돈을 넣으세요. 교통 카드가 있을 때에는 기계에 카드를 대세요.

❷

안내 방송에서 목적지가 나오면 벨을 누르고 내릴 준비를 하세요.

❸

내릴 때는 뒷문으로 내리세요. 교통 카드가 있으면 뒷문에 있는 기계에 카드를 한 번 더 대세요. 그래야 나중에 환승할 수 있어요.

 이번에는 지하철을 타는 방법을 알아봐요.

먼저 지하철역에 있는 기계에서 1회용 교통 카드를 사야 해요.

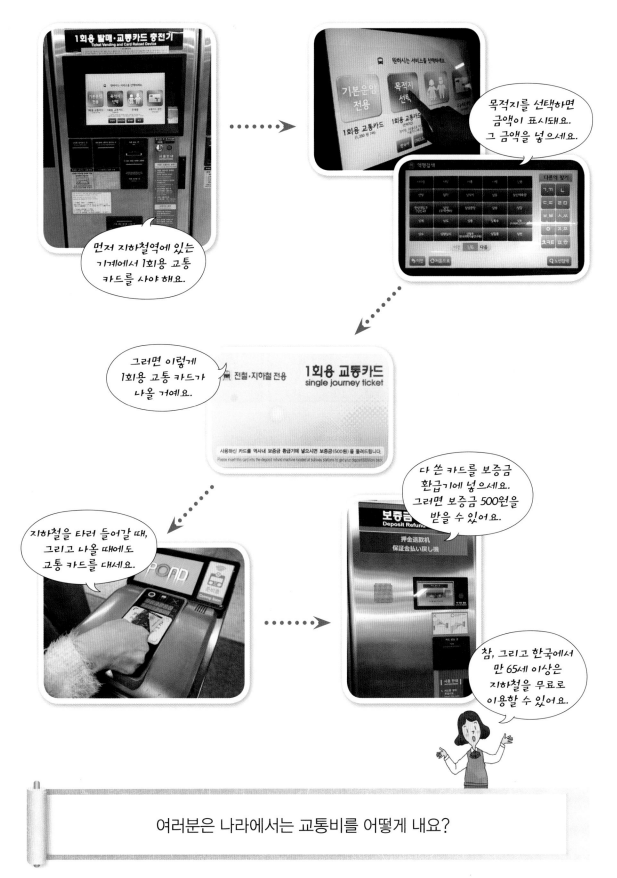

목적지를 선택하면 금액이 표시돼요. 그 금액을 넣으세요.

그러면 이렇게 1회용 교통 카드가 나올 거예요.

지하철을 타러 들어갈 때, 그리고 나올 때에도 교통 카드를 대세요.

다 쓴 카드를 보증금 환급기에 넣으세요. 그러면 보증금 500원을 받을 수 있어요.

참, 그리고 한국에서 만 65세 이상은 지하철을 무료로 이용할 수 있어요.

여러분은 나라에서는 교통비를 어떻게 내요?

환승에 대해 알아봐요. 그리고 환승하는 방법에 대해 알아봐요.

'환승'을 하려면 우선 교통 카드를 만들어야 해요.

편의점이나 지하철역에 가면 교통 카드를 살 수 있어요. 그리고 충전도 할 수 있어요.

환승은 총 네 번 할 수 있어요. 그리고 30분 안에 해야 해요. 환승을 하고 싶으면 버스에서 내릴 때 꼭 교통 카드를 기계에 찍어야 해요. 단, 같은 번호의 버스로 갈아탈 경우에는 환승이 되지 않아요.

'환승'을 하기 위해서는 버스에서 내릴 때 꼭 교통 카드를 기계에 찍어야 해요.

여러분 나라에도 환승 제도와 비슷한 제도가 있나요?

한국의 버스와 지하철에 있는 좌석 종류에 대해 알아봐요.

	버스	지하철
 노약자석	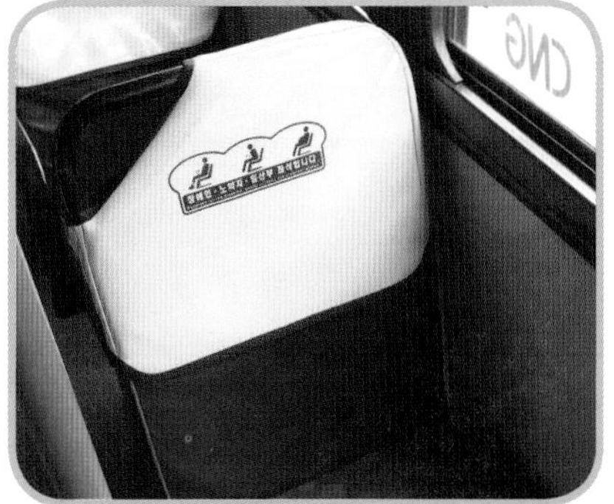	
임산부석		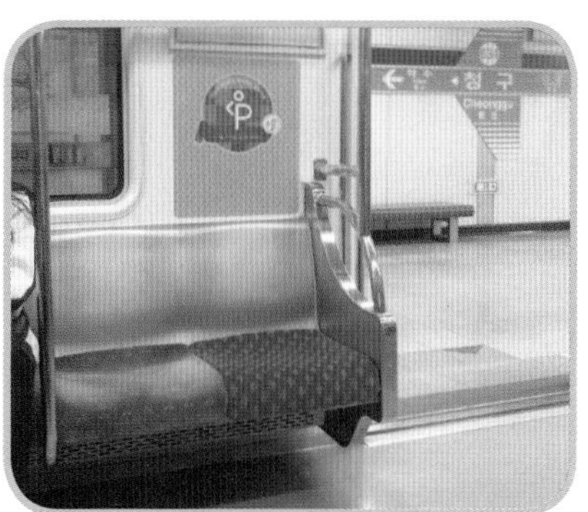

한국의 지하철에는 이런 칸도 있어요.

온풍기나 에어컨 바람이 다른 칸보다 약하게 나오는 칸이에요.

자전거나 유모차 등 큰 물건이나 여행 가방을 가지고 탈 수 있는 칸이에요.

여러분 나라에도 버스, 지하철에 특별한 자리가 있어요?

다음은 서울의 지하철 노선도예요.

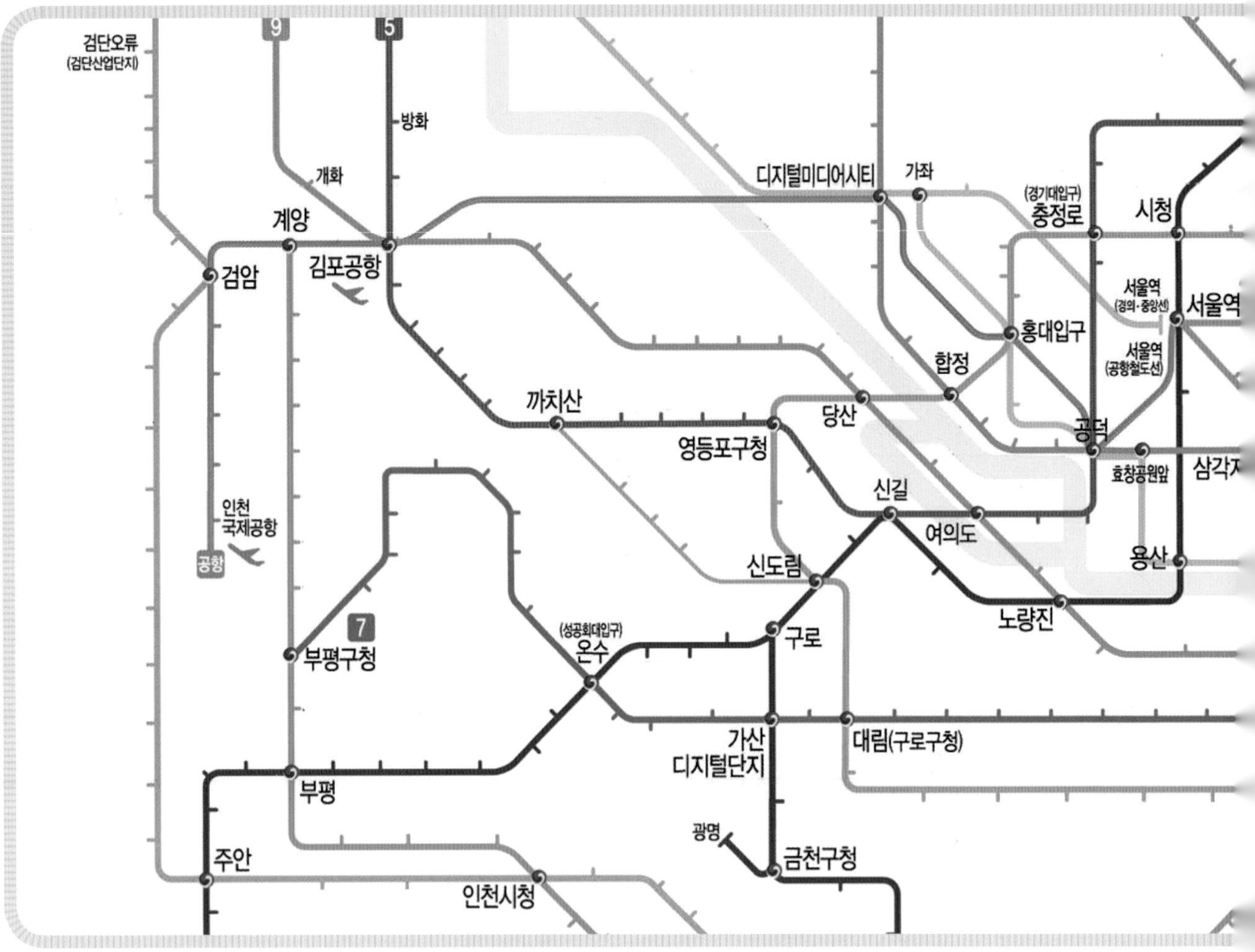

9
5
검단오류 (검단산업단지)
방화
개화
계양
검암
김포공항
디지털미디어시티
가좌
(경기대입구) 충정로
시청
서울역 (경의·중앙선)
서울역
서울역 (공항철도선)
홍대입구
합정
당산
까치산
영등포구청
공덕
효창공원앞
삼각지
인천 국제공항
공항
신길
여의도
용산
신도림
노량진
7
부평구청
(성공회대입구) 온수
구로
가산 디지털단지
대림(구로구청)
부평
광명
주안
금천구청
인천시청

출발지에서 도착지까지의 경로를 지하철 노선도에 표시해 보세요.

출발지-도착지	경로
인천공항-세종학당재단	공항철도 인천국제공항 ➡ 9호선 (4호선)서울역 ➡ 3호선 충무로 ➡ 남부터미널(세종학당재단)
김포공항-강남	9호선 김포공항 ➡ 3호선 고속터미널 ➡ 2호선 교대 ➡ 강남
홍대-이태원	2호선 홍대입구 ➡ 6호선 합정 ➡ 이태원

지하철 노선도를 보고 경로를 써 보세요.

출발지-도착지	경로
명동-안국(인사동)	( ) ________ ➡ ( ) ________ ➡ ________
신촌-혜화(대학로)	( ) ________ ➡ ( ) ________ ➡ ________

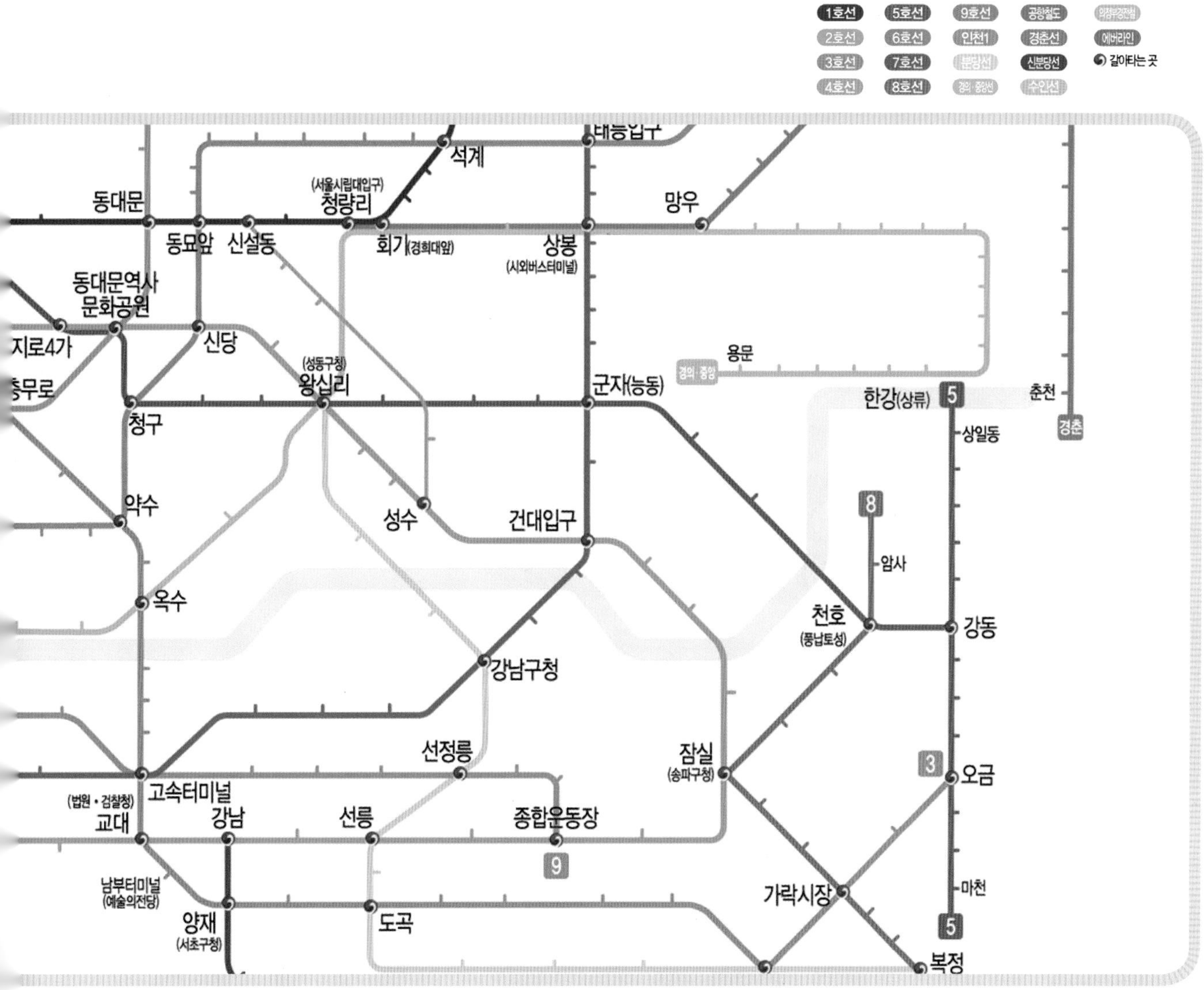

1호선 5호선 9호선 공항철도 의정부경전철
2호선 6호선 인천1 경춘선 에버라인
3호선 7호선 분당선 신분당선 갈아타는 곳
4호선 8호선 경의·중앙선 수인선

태릉입구 석계 (서울시립대입구) 청량리 동대문 동묘앞 신설동 회기(경희대앞) 상봉(시외버스터미널) 망우
동대문역사문화공원 을지로4가 충무로 신당 (성동구청) 왕십리 용문 군자(능동) 한강(상류) 춘천 경춘
청구 상일동 약수 성수 건대입구 암사 옥수 천호(풍납토성) 강동 강남구청
선정릉 잠실(송파구청) 오금 (법원·검찰청) 교대 고속터미널 강남 선릉 종합운동장
남부터미널(예술의전당) 양재(서초구청) 도곡 가락시장 마천 복정

지하철 노선도를 보고 자신이 가보고 싶은 곳으로 만들어 보세요.

여러분은 서울에 가면 어디에 가고 싶어요?

교통수단의 어제와 오늘, 그리고 미래 The past, present, and future of transportation

과거에 한국 사람들은 기본적으로 도보로 이동하였다. 그러나 계급 사회였기때문에 계급이 높고 돈이 많은 사람들은 말이나 가마를 타고 이동하였다. 가마는 평소 양반들의 이동 수단으로도 쓰였으며 결혼식 때에는 신부가 신랑의 집으로 갈 때 사용되었다.

In the past, Korean people usually traveled on foot. In the hierarchical society of that period, however, wealthy people in the upper ranks traveled on horse or palanquin. The palanquin was the main transportation method of noblemen, and it was also used in weddings for moving the bride to the groom's house.

또한 한국 사람들은 물건을 운반할 때에 주로 수레를 사용하였는데, 돈이 있는 상인들은 직접 수레를 끌지 않고, 말이나 소를 이용한 마차나 우차를 이용하였다.

Korean people used carts to transport objects, and wealthy merchants used carriages and oxcarts pulled by horses and cows.

한편 육로 외에도 나룻배를 이용한 수상 교통도 발달하였는데, 특히 한강을 중심으로 발달한 수상 교통은 각 지역에서 세금으로 거두어들인 쌀이나 특산품을 옮기는 데 중요한 역할을 하였다.

Meanwhile, waterborne traffic using boats developed, and in particular the water traffic that developed around the *Han* River played a crucial role in moving rice or local specialties collected from different regions as taxes.

현대 한국 사회는 고속도로 및 철도의 발달로 전국이 일일 생활권이 되었다. 서울에서 남쪽으로 가장 멀리에 있는 도시 중의 하나인, 한국 제2의 도시 부산으로 출퇴근을 할 수 있을 정도로 가까워졌다. 서울에서 부산까지 차로 약 4시간 30분이 걸리며, KTX를 이용하면 약 2시간 30분이 걸린다. 최근에는 서울과 부산을 왕복하기 위해 국내선 비행기를 이용하는 경우도 많은데, 서울의 김포공항에서 부산의 김해공항까지 약 1시간이 걸린다. 서울과 부산뿐만 아니라 다른 지역 역시 마찬가지로 이렇게 이동이 빠르고 편리해졌다.

In contemporary Korean society, all parts of the country are with reach of a day trip thanks to improvements in infrastructure such as expressways and railroads. Busan, the second city of Korea, which is one of the cities farthest to the south from Seoul, has become a commutable distance. It takes about 4½ hours by automobile and 2½ hours by KTX between Busan and Seoul. Recently, many people have started to use domestic flights, and it takes an hour from Gimpo airport in Seoul to Gimhae airport in Busan. Like Seoul and Busan, other regions have also become a more convenient commute.

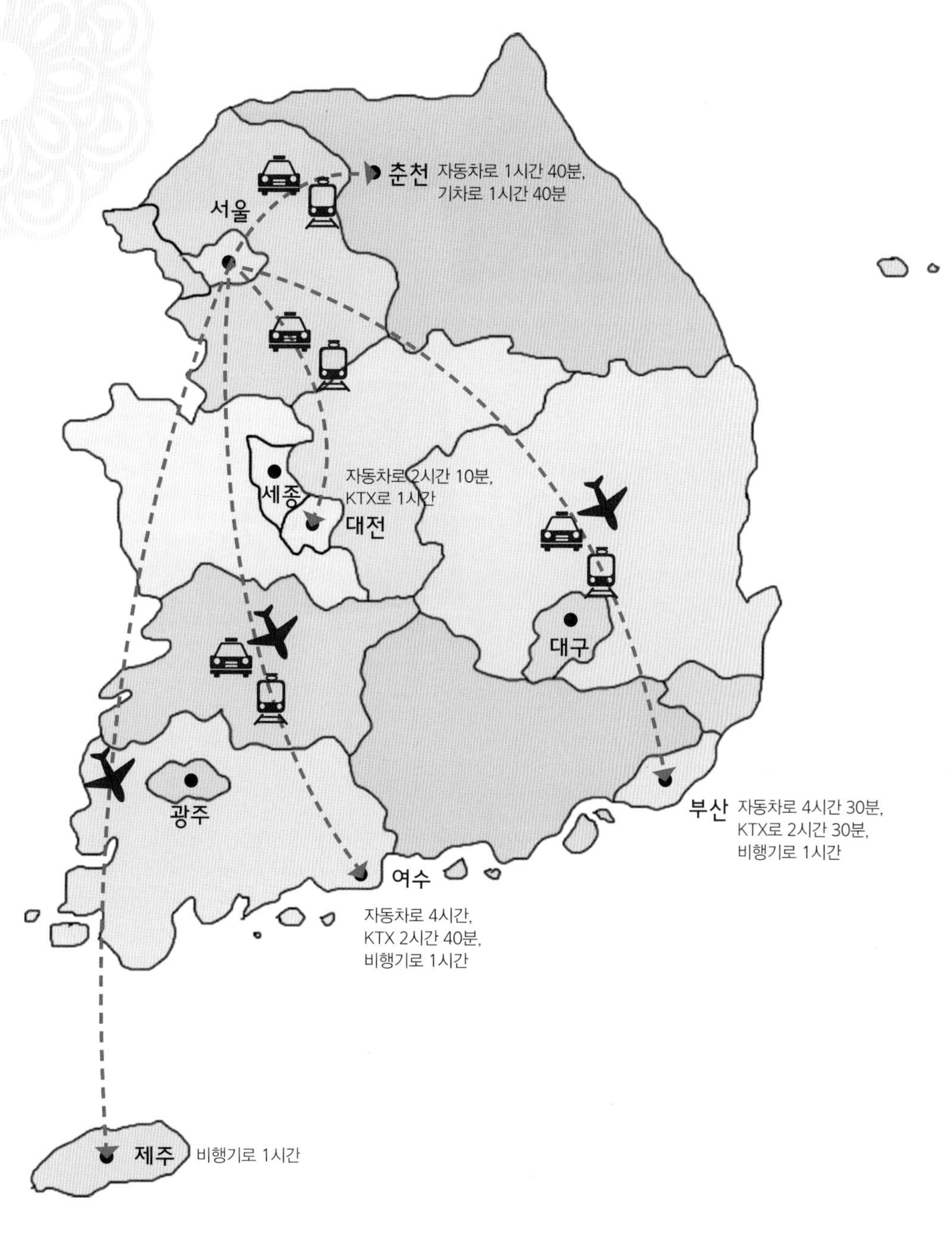

오늘날 한국 사람들이 개인 교통수단으로 가장 많이 이용하는 것은 자가용 자동차이다. 요즘에는 한국에서도 많은 자동차를 생산하고 있으나 불과 50년 전까지만 해도 이러한 일은 상상조차 할 수 없었다. 한국은 1976년에 독자 기술로 만든 최초의 차 '포니'를 시작으로 자동차를 수출하는 나라가 되었다. 그리고 한국에 있는 몇 개의 자동차 회사들은 세계적인 기업으로 발전하였다.

Today, Korean people mostly use automobiles for individual transportation. Korea manufactures a large amount of automobiles these days, which is a feat almost unimaginable only 50 years ago. In 1976, Korea became an exporter of cars, starting with the Pony, the first automobile manufactured with independent technology. Later, some of Korea's automobile companies developed into international corporations.

최근에는 한국에서도 현대의 교통수단이 야기하는 환경 문제나 화석 연료 고갈 문제 등을 인식하기 시작하였다. 다가올 시대를 대비하기 위해 한국에서는 친환경 교통수단 및 대체 연료를 사용한 교통수단 개발에 다양한 노력을 기울이고 있다. 또한 많은 도시에서 공용 자전거를 상용화하고자 하는 움직임이 일어나고 있으며, 이와 동시에 자전거 전용 도로를 만들어 대중들의 자전거 사용을 장려하고 있다. 또한 자기부상열차와 같이 매연이 없는 친환경 이동 수단을 대중교통 수단으로 도입하고자 하는 움직임도 여러 지역에서 나타나고 있다. 서울 및 수도권에서는 전기 자동차의 상용화를 위해 여러 가지 공익사업을 진행하고 있으며, 일부 구간의 버스들은 전기 엔진으로 운행되고 있다.

Recently, Korea has become aware of the environmental problems and depletion of fossil fuels caused by modern transportation. In order to prepare for the coming future, Korea has put in a lot of effort into the development of environmentally friendly transportation and alternative fuels. Moreover, there are movements to use public bicycles in many cities and people are also encouraged to use bicycles with the installation of bike lanes. Implementing eco-friendly transportation such as the magnetic levitation train is also being reviewed in several regions. Seoul and the metropolitan areas are promoting public services for the commercialization of electric cars, and buses in several sections are operated by electric motors.

한국의 대중교통

 이번 단원에서 배운 내용을 확인해 봐요.

1

(　　　　　　)　　　(　　　　　　)

2

한국의 버스에는
노란색 좌석과 분홍색 좌석이
있어요. 각각 어떤 사람들을
위한 자리예요?

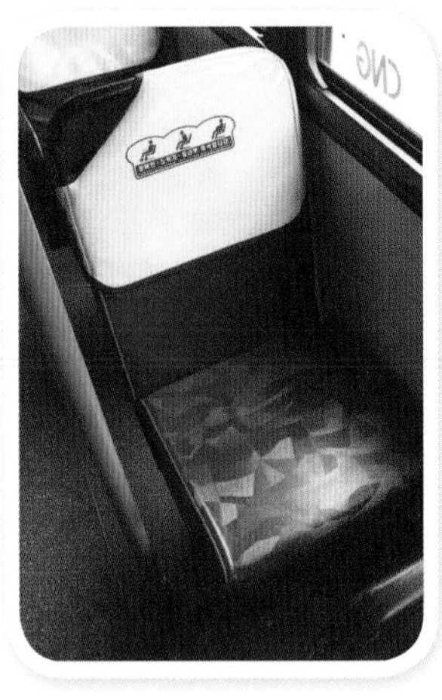

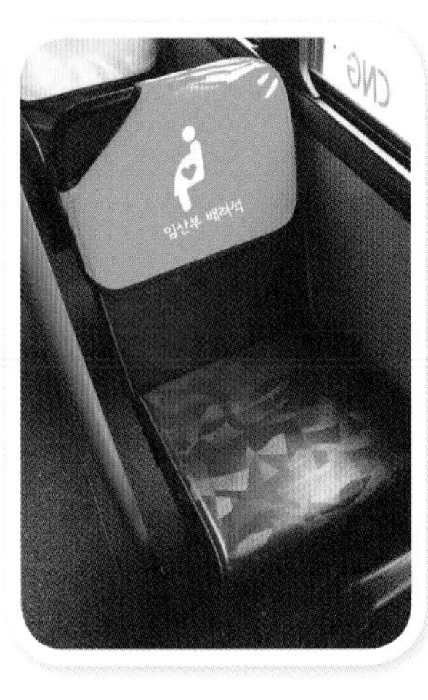

(　　　　　　)　　　(　　　　　　)

3

한국에는 대중교통을 갈아탈 때
할인해 주는 제도가 있어요.
이것을 뭐라고 불러요?

(　　　　　　　　　)

7 한국의 여행지

학습목표

- 한국의 여행지에 대해 안다.
- 다양한 여행지의 특징에 대해 안다.
- 한국의 세계유산이 지닌 역사적 의미와 가치를 안다.

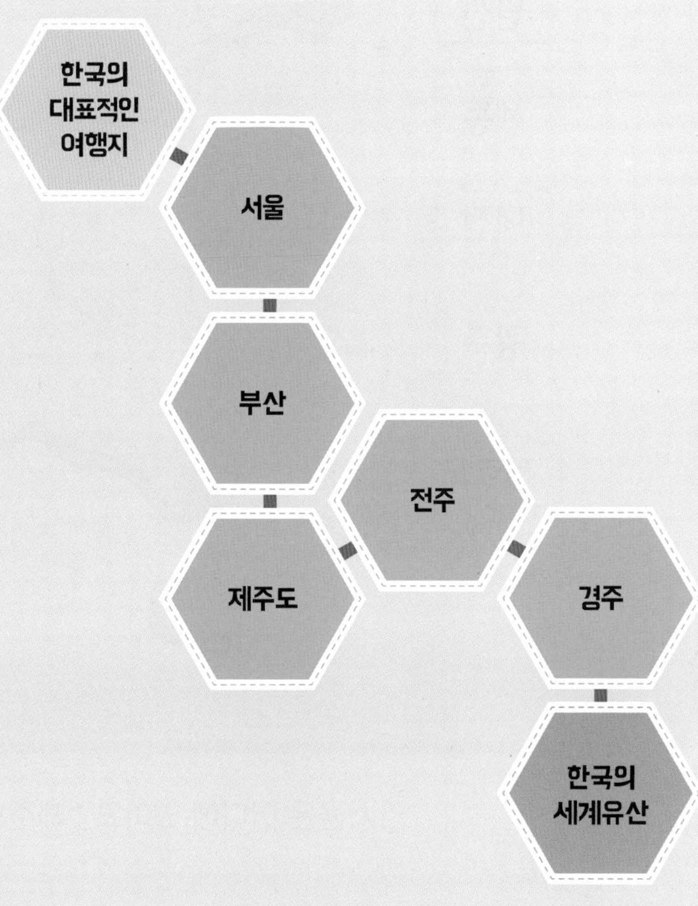

한국의 대표적인 여행지

한국의 여러 지역과 도시의 위치에 대해 알아봐요.

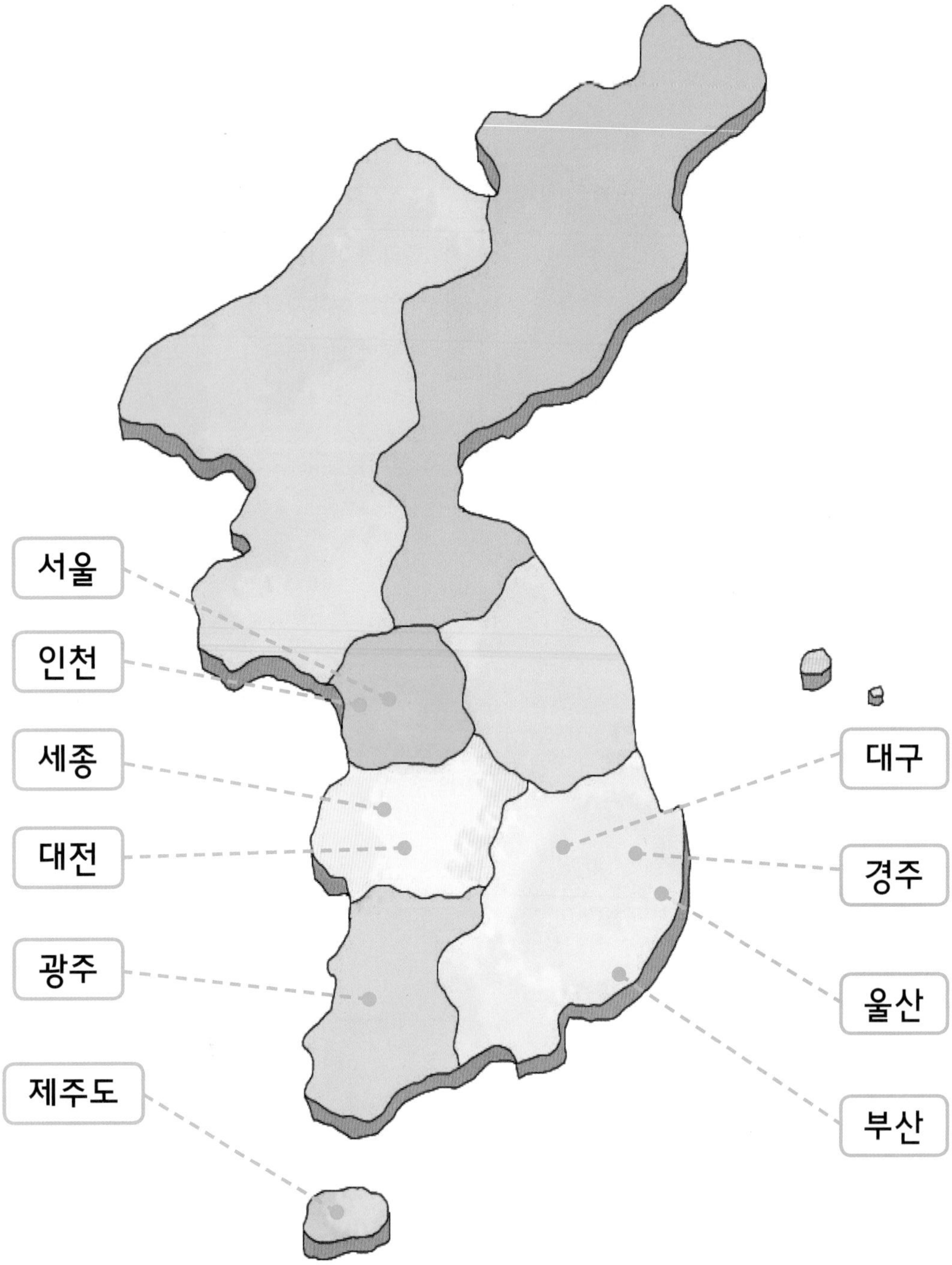

서울
인천
세종
대전
광주
제주도
대구
경주
울산
부산

서울은 어디에 있어요? 제주도는 어디에 있어요?

다음은 한국의 유명한 여행지예요.
아는 곳이 있어요? 어디에 있어요?

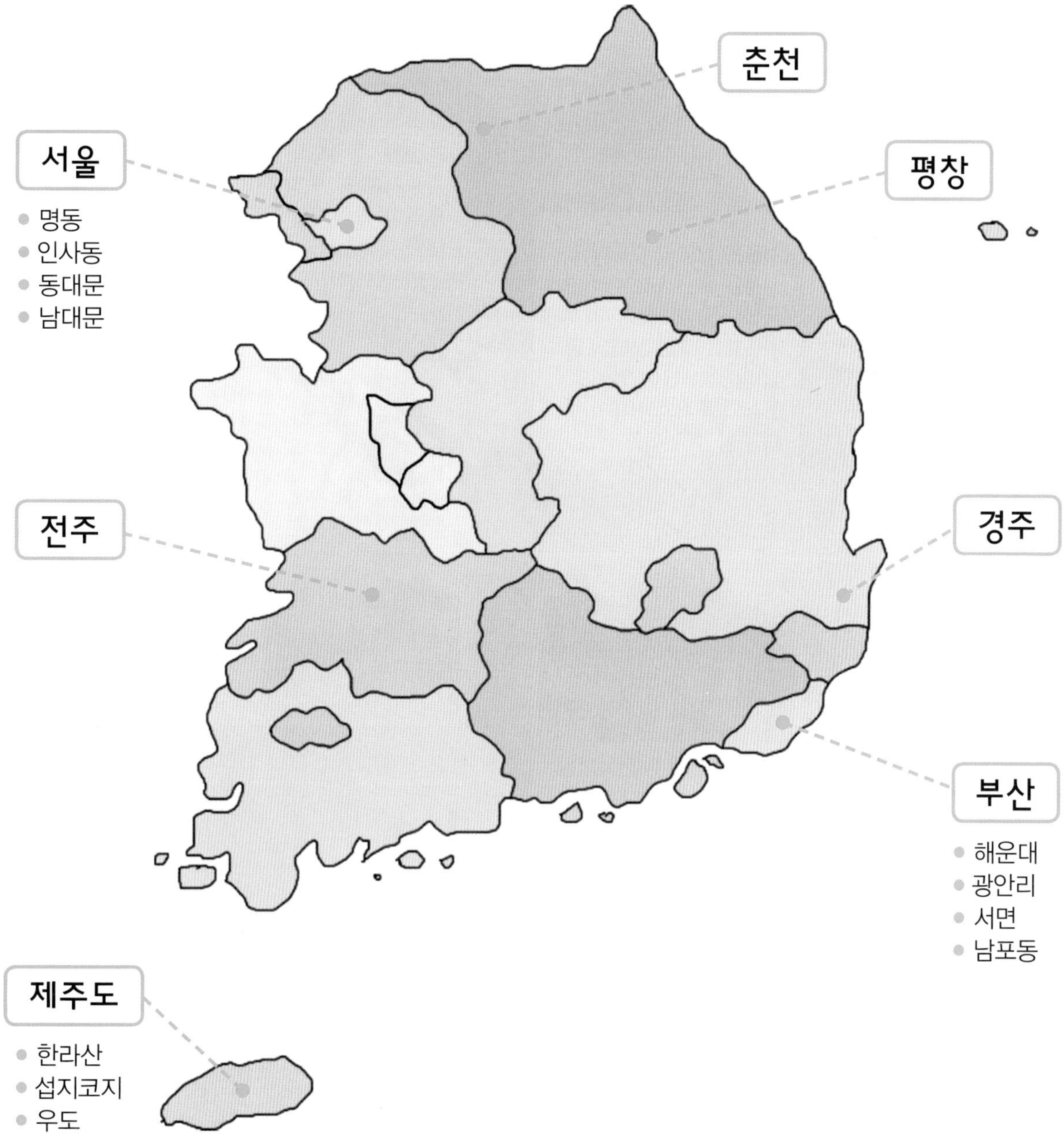

춘천

서울
- 명동
- 인사동
- 동대문
- 남대문

평창

전주

경주

부산
- 해운대
- 광안리
- 서면
- 남포동

제주도
- 한라산
- 섭지코지
- 우도

여러분은 한국에서 어디에 가 보고 싶어요? 무엇을 해 보고 싶어요?

다음은 한국의 관광 명소예요.

춘천

남이섬

춘천은 강원도의 대표적인 관광지예요. 특히 남이섬은 드라마 촬영지로 유명해요. 데이트 코스로도 유명해요.

서울

경복궁

서울은 한국의 수도예요. 서울은 조선 시대부터 한국의 수도였어요. 그래서 서울에는 조선 시대의 궁궐이 많이 남아 있어요. 한국의 과거와 현재의 모습을 볼 수 있어요.

평창

평창은 2018년 동계 올림픽 개최지예요. 강원도 평창에서는 다양한 겨울 스포츠를 즐길 수 있어요.

전주

한옥마을

전주에는 '전주 한옥마을'이 있어요. 그리고 전주는 비빔밥이 유명해요.

경주

불국사

경주는 신라 시대의 수도였어요. 그래서 유적이 아주 많아요. 도시 전체가 유적지예요.

부산

해운대

부산은 한국의 제2의 도시예요. 해운대, 광안리 등 유명한 해수욕장이 많아요. 그리고 10월에는 부산국제영화제가 열려요.

제주도

한라산

제주도는 한국에서 가장 큰 섬이에요. 제주도에는 세계유산인 화산섬과 용암 동굴이 있어요. 외국인들이 많이 찾는 여행지예요.

여러분 나라의 관광 명소를 소개해 주세요.

캄보디아 시엠레아프

중국 상하이

프랑스 파리

일본 교토

태국 방콕

여러분 나라의 유명한 관광 명소에 대해 이야기해 봐요.

도시 이름	관광 명소

위에서 한 곳을 선택하여 소개해 보세요.

1 서울

지금부터 서울 여행을 떠나 볼까요?

서울은 약 600년 전인 조선 시대부터 한국의 수도였어요. 그래서 조선 시대의 궁궐이 많아요.

여기는 경복궁이에요.
조선 시대 왕이 살던 곳이에요.
조선 시대의 첫 번째 궁궐이에요.

어? 밤에도 들어갈 수 있어요?
네. 야간 개장 기간에는 들어갈 수 있어요. 밤에 더 아름다워요.

저기 한복을 입은 사람이 있네요.
한복을 입으면 입장료가 공짜예요. 사진도 예쁘게 찍을 수 있어요.

그리고 인사동에 가면 한국의 옛날 물건을 파는 가게와 전통 찻집이 많이 있어요. 근처에 북촌이 있는데 한옥마을로 유명해요.

명동에는 사람들이 쇼핑하러 많이 와요. 외국인 관광객들이 많아요.

명동은 외국인 관광객들이
쇼핑을 하기 위해 많이 가요.
그래서 외국어를 잘하는
점원들이 많이 있어요.
사람들이 정말
많네요.

동대문과 남대문도 쇼핑으로 유명해요. 동대문에는 옷을, 남대문에는 기념품을 사러 가요.

저도 옷을 사러
동대문에 자주 가요.
남대문 시장
동대문 시장
인사동에서 기념품을 사지 못했으면
남대문 시장에 가 보세요. 기념품은
물론이고 다양한 생활용품과 한국의
특산물을 살 수 있어요.

서울에서 어떤 여행을 하고 싶어요?

'쇼핑, 역사, 문화·예술, 음식' 등 다양한 여행 계획을 세워 보세요.

지금부터 부산 여행을 떠나 볼까요?

부산은 한국의 남쪽에 있는 도시로 한국에서 두 번째로 커요.

해운대 해수욕장

해운대와 광안리는 해수욕장으로 매우 유명해요. 여름에 사람들이 정말 많이 와요.

광안대교

부산에는 볼거리가 정말 많네요!

서면

감천문화마을

남포동 BIFF 광장

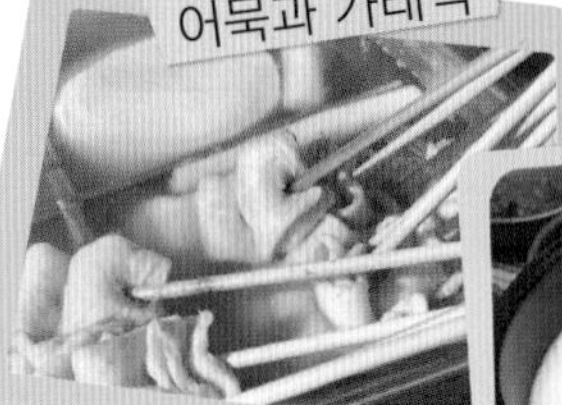

어묵과 가래떡

돼지국밥

냉채족발

밀면

부산에는 먹을거리도 많이 있어요.

부산에 무엇을 보러 가고 싶어요?

부산에서 무슨 음식을 먹어 보고 싶어요?

지금부터 제주 여행을 떠나 볼까요?

한라산

올레길

경치가 정말 좋아요!

섭지코지

우도

제주 흑돼지

한라봉

제주도에는 흑돼지 고기, 한라봉, 전복 등 다양한 먹거리가 많이 있어요.

제주도에서 어디에 가고 싶어요? 이야기해 보세요.

지금부터 전주 여행을 떠나 볼까요?

전주 한옥마을

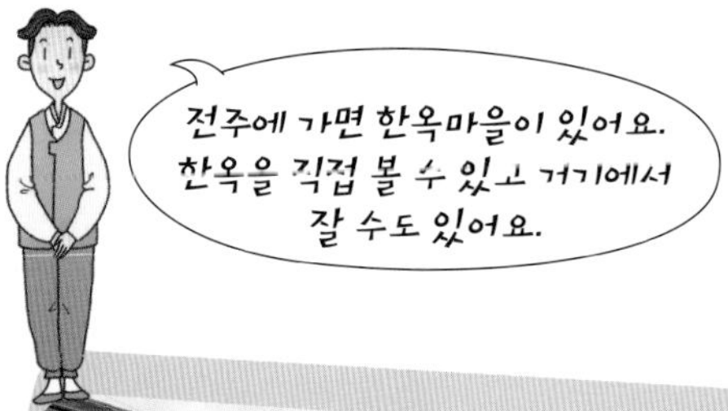

전주에 가면 한옥마을이 있어요.
한옥을 직접 볼 수 있고 거기에서
잘 수도 있어요.

자만벽화마을

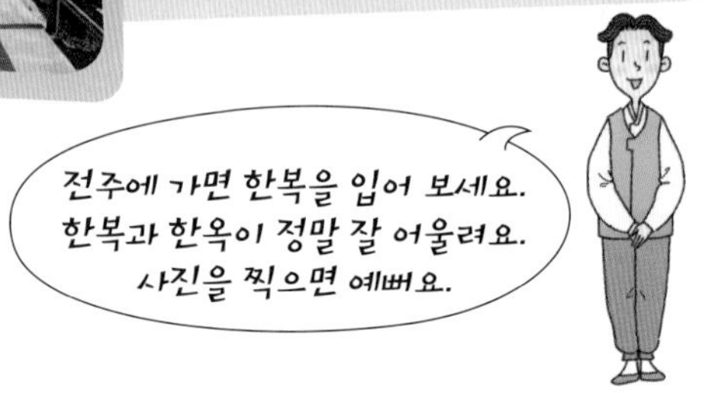

전주에 가면 한복을 입어 보세요.
한복과 한옥이 정말 잘 어울려요.
사진을 찍으면 예뻐요.

전주비빔밥

콩나물국밥

만두

구워먹는 치즈

모주

전주에 가면 다양한 전통 체험을 할 수 있어요.
여러분은 전주에서 어떤 전통 체험을 해 보고 싶어요?

지금부터 경주 여행을 떠나 볼까요?

경주는 천 년 동안 신라의 수도였어요.

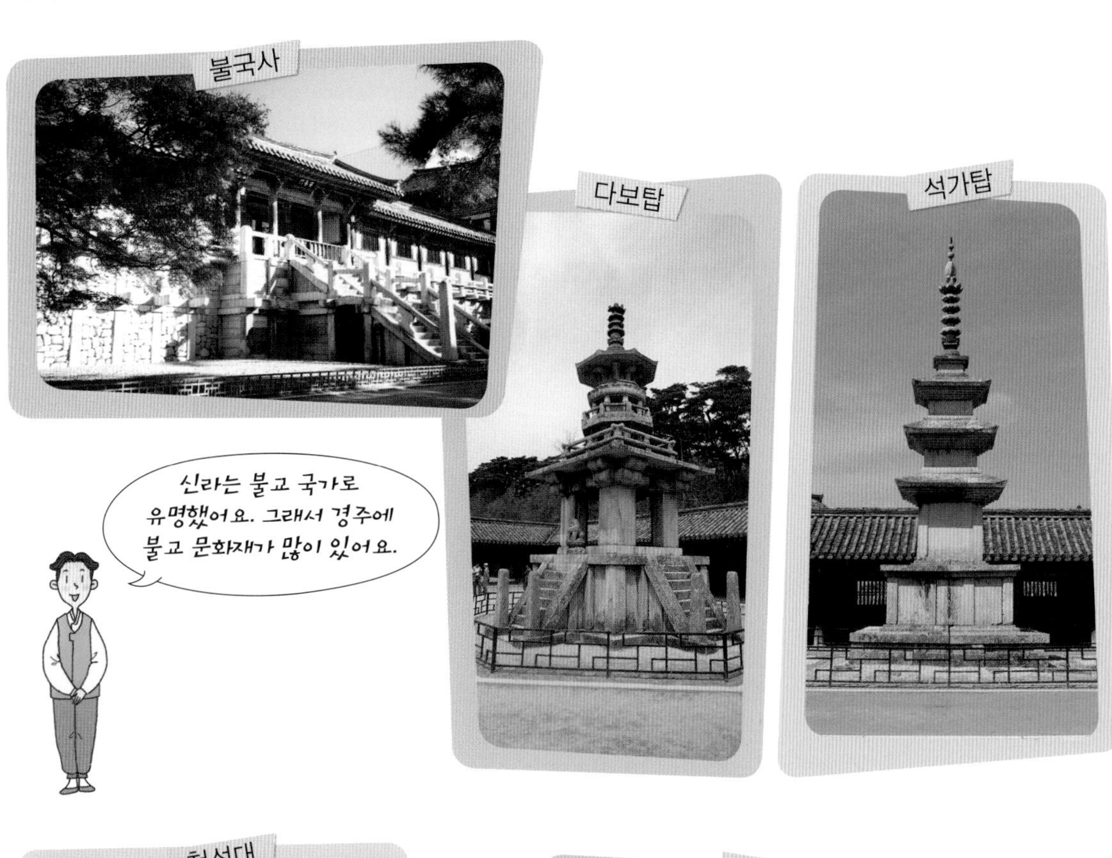

첨성대
석굴암
동궁과 월지
경주는 불국사, 석굴암 등
많은 문화재가 UNESCO
세계문화유산이예요.

여러분 나라에도 경주처럼 오래된 역사를 자랑하는 곳이 있나요?

한국의 세계유산 Korea's world heritage

유산이란 우리가 조상으로부터 물려받아 지키고 있고, 앞으로 우리의 후손들에게 물려주어야 할 자산을 의미한다. 그렇기 때문에 유산은 우리가 잘 지키고 보존해야 한다. 유네스코(UNESCO)에서는 이런 많은 유산들 중에서 특히 우리가 더욱 소중히 지키고 후손에게 물려주어야 할 문화유산을 해마다 지정하고 있다. 유네스코에서 지정한 세계유산에는 세계 여러 나라의 문화유산이 등재되어 있다. 그 중에서 한국의 문화유산은 모두 13가지가 포함되어 있다.

Heritage refers to the assets that we have inherited from our ancestors and should be handed down to our descendants. Therefore, heritage should be protected and preserved. UNESCO has been annually selecting valued objects and aspects of the world's cultural heritage that should be especially cherished and passed on to the future generations. The selections from the countries around the world are listed as UNESCO World Heritage Sites, 13 of which exist in Korea.

창덕궁 돈화문

남대문

한국의 역사 드라마에서 자주 볼 수 있는 조선 시대의 문화유산 세 곳을 만나 보자.

첫 번째 이야기의 주인공은 바로 창덕궁이다. 잘 알려진 것처럼 조선 시대의 첫 번째 궁궐은 경복궁이다. 경복궁에 이어 두 번째로 만들어진 궁궐이 바로 '창덕궁'이다. 창덕궁은 1405년 경복궁의 별궁으로 지어진 궁궐로 경복궁의 동쪽에 위치해 있어 '동궐'이라 불렀다. 평지에 일직선으로 질서 정연하게 궁궐의 위엄을 강조해서 지어진 경복궁과 달리 창덕궁은 자연과 조화를 이룬 우아하고 아름다운 궁궐로 유명하다. 이러한 아름다움을 인정받아 1997년 유네스코 세계유산에 등재되었다.

Let's look into the three cultural heritage from the Joseon period that are often depicted in Korean historical dramas.

The first is *Changdeokgung* Palace. It was constructed after *Gyeongbokgung* Palace, which was the primary palace of the *Joseon* Dynasty. *Changdeokgung* Palace was called the *East Palace*, since it was built to the east of *Gyeongbokgung* Palace in 1405 as a secondary palace. Unlike *Gyeongbokgung* Palace, which was built systematically in a straight line on flatland to emphasize its dignity, *Changdeokgung* Palace is known as the elegant and beautiful palace built in harmony with its surrounding nature. Being recognized for its beauty, it was listed as a UNESCO World Heritage Site in 1997.

창덕궁

창덕궁 부용전

창덕궁 대조전

창덕궁은 인위적으로 만들어진 궁궐이 아니라 자연과의 조화를 가장 잘 드러낸 궁궐이다. 창덕궁 안의 많은 건물들이 각각 다른 형태로 다른 위치에 세워져 있는 이유가 바로 여기에 있다. 또한 창덕궁의 북쪽에 위치한 후원은 다양한 정자와 연못, 숲이 어우러진 아름다운 곳이다. 창덕궁이 가진 이러한 자연의 아름다움과 편안함 때문에 법궁의 위엄을 지닌 경복궁보다 창덕궁을 더 사랑한 왕들도 많았다. 실제로 조선의 궁궐 중에서 가장 오랜 기간 동안 왕들이 거처했던 궁궐이 바로 이곳, 창덕궁이다.

창덕궁의 동쪽 끝으로 가면 '낙선재'와 '석복헌'이라는 곳이 있다. 이곳은 조선 24대 왕인 헌종이 사랑하는 경빈을 위해 지은 건물이다. 책과 글에 관심이 많았던 헌종은 낙선재에서 책을 읽고 경빈이 있는 석복헌에 머물며 함께 시간을 보냈다고 한다. 낙선재와 석복헌은 왕으로서의 직무를 다하면서도 사랑하는 사람과 함께 하고 싶어 했던 헌종의 아름다운 마음이 담겨 있는 곳이다.

Changdeokgung Palace was not artificially constructed and shows great harmony with nature, which is the reason for each building in the palace having different forms and non-standard locations. The back garden, located in the north of the palace, is a beautiful place with various ponds, woods and pavilions. Because of the beauty of its nature and comfort, many kings loved *Changdeokgung* Palace more than *Gyeongbokgung*, the main palace. In fact, *Changdeokgung* was the palace which accommodated the kings for the longest period of time among all the palaces of *Joseon* Dynasty.

In the east end of *Changdeokgung* Palace, there are two structures called *Nakseonjae* and *Seokbokheon*. These were built by the decree of King *Heonjong*, the 24th king of the *Joseon* Dynasty, for his beloved royal concubine *Gyeongbin*. *Heonjong*, who had deep interest in books and literature, read books in *Nakseonjae* and spent time with *Gyeongbin* in *Seokbokheon*. *Nakseonjae* and *Seokbokheon* show the beautiful heart of *Heonjong*, who wanted to be with his loved one while performing his duties as the king.

종묘

창덕궁 낙선재

다음 주인공은 조선 시대의 왕과 왕비의 신위를 모시고 제사를 지내던 사당인 종묘이다. 종묘는 1997년에 유네스코 세계문화유산으로 등재되었다.

종묘의 정문 앞에는 '지차대소인원하마비(至此大小人員下馬碑)'라고 쓰인 비석이 있다. '이곳에 이르면 높은 사람, 낮은 사람 모두 말에서 내리라.'는 의미이다. 종묘는 조선 왕과 왕비의 신위가 모셔진 신성한 곳이기 때문에 아무리 대단한 왕이라도 가마나 말에서 내려야 했다.

The second heritage is the *Jongmyo* Shrine, where the ancestral tablets of the kings and queens of *Joseon* were placed and memorial ceremonies were held. *Jongmyo* Shrine was designated as a UNESCO World Heritage Site in 1997.

At the main entrance of *Jongmyo*, there is a headstone with an inscription that reads "至此大小人員下馬碑," which means "all who reached this point should dismount from their horse, regardless of their social class." Since *Jongmyo* Shrine was a sacred location hosting the ancestral tablets of the kings and queens of *Joseon*, even kings had to dismount from his horse or palanquin.

종묘에는 모두 세 개의 문이 있는데 이 문들 중에서 누구도 출입할 수 없는 문이 있었다. 바로 '남문'이다. 남문은 종묘의 정문으로 오직 왕과 왕비의 혼백만이 드나들 수 있었다. 종묘 안으로 들어가면 세 개의 길이 있다. '삼도(三道)'라고 부르는 이 길도 다닐 수 있는 사람이 달랐다. 가운데 길은 신이 다니는 길로, 종묘에 모셔진 왕과 왕비의 혼령이 다니는 길이다. 신로의 오른쪽은 왕이 다니는 길이고, 왼쪽은 왕의 아들인 세자가 다니는 길이었다.

종묘의 가장 안으로 들어가면 종묘에서 가장 중요한 장소인 '정전'이 있다. 조선 시대 왕과 왕비의 혼이 담긴 위패가 모셔진 건물이다. 정면으로 보면 가로로 긴 일직선으로 세워진 세계적으로도 독특한 건축 유형이다. 정전의 가장 큰 특징은 화려한 장식이 없다는 것이다. 제사를 지내는 신성한 장소이기 때문에 소박하다고 느껴질 정도로 간결한 모습이다.

종묘에서 제사를 지낼 때는 모든 행사의 순서에 맞게 노래와 악기 연주, 무용수의 춤이 함께 진행되었다. 이때 연주되는 모든 음악과 춤을 '종묘 제례악'이라고 한다. 종묘 제례악 역시 제사에 맞게 엄숙하고 장엄한 느낌을 주며, 이것은 지금도 계속 이어지고 있다.

종묘 제례악

Among the three entrances to *Jongmyo*, the south entrance was not used by anyone. As the main entrance, it was considered to be only used by the souls of the kings and queens. Inside *Jongmyo*, there are three paths called *Samdo*. Each path had a different purpose. The path in the middle was the road for the souls of the kings and queens enshrined in *Jongmyo*. The path on the right was for the living king, and the path on the left was for the crown princes.

A building called *Jeongjeon*, which is considered to be the most important building, is located at the innermost part of *Jongmyo*. It enshrines the ancestral tablets that carry the souls of kings and queens of the *Joseon* Dynasty. The main building features a very unique structure, with its facade forming a straight, horizontal line. The major characteristic of the main building is that it lacks ornateness. Since it is a sacred place for memorial ceremonies, some may say it is simple to the point of looking plain.

When memorial ceremonies were held in *Jongmyo*, every step of the ceremony features songs, musical instruments and the choreography of dancers. All the music and dances are called "royal ancestral rites music." Royal ancestral rites music creates a solemn atmosphere for the rites, and are still used to this day.

수원 화성 팔달문

한국의 세계유산 중 마지막으로 소개할 주인공은 바로 수원 화성이다. 수원 화성은 조선 시대 22대 왕인 정조가 계획하고 실학자인 정약용이 설계하여 지은 성으로 1997년에 유네스코 세계유산에 등재되었다. 수원 화성은 조선 시대의 실학사상이 잘 드러나 있는데, 동양의 건축 기법을 바탕으로 서양의 기술을 받아들여 뛰어난 군사 시설을 갖춘 성으로 알려져 있다.

The last Korean site to be introduced is the ***Suwon Hwaseong*** Fortress. *Suwon Hwaseong* fortress, which was planned by King *Jeongjo*, the 22nd king of the *Joseon* Dynasty, and designed by *Jeong Yak-yong*, was listed as a World Heritage Site by UNESCO in 1997. It embodies the philosophy of ***Silhak***, Korean practical science, and features outstanding military installations based on oriental construction techniques combined with western technology.

사실 수원은 정조가 억울하게 돌아가신 아버지, 사도세자를 위해 만든 계획 도시이다. 조선 시대 최고의 명당인 수원의 화산으로 아버지의 무덤을 옮기고 그 주변에 신도시를 건설하기 위해 화성을 쌓은 것이다. 아버지인 사도세자가 뒤주에 갇혀 죽게 되었다는 것을 안 정조는 자신이 강력한 왕권을 가져야겠다고 마음먹게 되었다. 그래서 국가의 경비를 강화하기 위해서 튼튼한 성을 쌓았던 것이다.

In fact, *Suwon* was a planned city made by King *Jeongjo* to commemorate his late father, Crown Prince *Sado*, who died under unfair circumstances. He relocated his father's grave to *Hwasan* Mountain, which was considered as an auspicious site in the *Joseon* period, and built the *Hwaseong* Fortress to form a new city around the mountain. Knowing that his father was suffocated to death in a wooden rice chest, King *Jeongjo* was determined to have a powerful royal authority and build a strong fortress to strengthen the defense of the country.

수원 화성

수원 화성 화홍문

수원 화성은 정조가 계획을 하고 실학자인 정약용이 설계를 하였다. 조선의 실학은 농업, 상업, 공업을 발전시켜 백성들을 더 잘 살게 하고 나라를 더 튼튼하게 하기 위한 실용적인 학문이었고, 정약용은 이러한 실학을 연구한 대표적인 학자였다. 정약용은 정조의 명을 받은 후 여러 가지 고민을 하면서 열심히 연구를 하였다. 전통적인 방법을 기초로 동서양의 책을 참고하며 새로운 기구인 거중기를 발명하여 빠른 속도로 튼튼하게 48개의 건물로 이루어진 화성을 지었다.

조선 시대에는 임금이 궁 밖으로 행차를 할 때 임시로 머무르던 궁궐인 행궁이 있었다. 수원 화성에는 '화성행궁'이 있는데 화성행궁은 정조가 아버지 사도세자의 묘를 참배할 때 머물던 행궁이다. 그리고 효자였던 정조는 이곳에서 어머니인 혜경궁 홍씨의 회갑연을 성대하게 열었다.

이렇듯 세계문화유산인 수원 화성은 건축물로서의 가치뿐만 아니라 정조 임금의 효심이 깃들어 있는 곳이다.

화성행궁

Suwon Hwaseong Fortress was planned by King *Jeongjo* and designed by the *Silhak* scholar, *Jeong Yak-yong*. *Silhak* was a pragmatic study intended to develop *Joseon*'s agriculture, commerce and industry to improve the lives of people and strengthen the country. *Jeong Yak-yong* was the representative scholar of *Silhak*. After receiving the decree of King *Jeongjo*, *Jeong Yak-yong* conducted research into a variety of areas. Based on traditional methods, he invented *Geojunggi*, a type of cable crane machine, referring to books of both the East and West. With this new invention, he was able to construct the *Hwaseong* Fortress, featuring 48 buildings, solidly and with great speed.

In the *Joseon* era, kings stayed in temporary palaces when they were paying visits outside of the main palace. "*Hwaseong* Temporary Palace" is located in *Suwon Hwaseong* Fortress, and King *Jeongjo* stayed at this palace whenever he visited the grave of his father, crown Prince *Sado*, to pay his respects. In this palace, *Jeongjo*, who was a devoted son, also held a grand celebration for his mother, Crown Princess *Hyegyeonggung Hong*, on her 60th birthday.

Suwon Hwaseong fortress, which was designated as a World Heritage site, has not only its architectural value, but also King *Jeongjo*'s deep love for his parents.

정리
하기

이번 단원에서 배운 내용을 확인해 봐요.

1 다음을 보고 관련 있는 것끼리 연결해 보세요.

(1) 
신라 시대의
대표적인 문화재인
석굴암이 있어요.

(2) 
한국의 대표적인
산인 설악산이
있어요.

(3) 
한국에서 가장 큰 섬으로
한라산과 경치가 아름다운
올레길이 있어요.

① 경주

② 제주도

③ 강원도

2 다음에 알맞은 말을 써 보세요.

(1)

"비빔밥은 ________ 비빔밥이 제일 유명해요."

(2)

"________에 가면 어묵을 꼭 먹어 보세요."

한국 사람들의 모임

학습목표

한국 사람들의 다양한 모임에 대해 안다.

한국 사람들이 어떠한 모임을 하며, 무엇을 하는지 안다.

한국 사람들의 모임의 과거와 현재, 미래의 모습에 대해 안다.

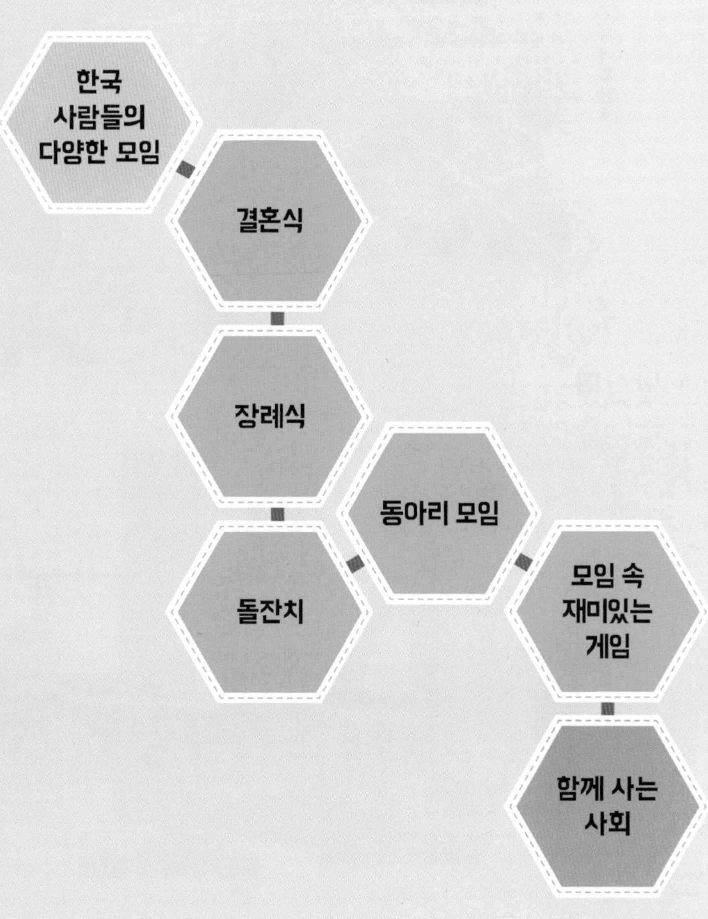

바로 알기

한국 사람들의 다양한 모임

한국 사람들의 모임에 대해 알아봐요.

● 회식

프로젝트의
성공을 위하여,
건배!

● 동창회

보고 싶다. 친구들아...

● 반상회

아파트 도서관이
문을 너무 일찍
닫아요.
-반상회 공고-

이 사람들은 무슨 일로 모였을까요?

● 결혼식

결혼 축하해요.
행복하게
사세요.
폐백

● 돌잔치

아가야, 건강하게
잘 자라라.
첫돌

● 장례식

삼가 고인의
명복을 빕니다.
謹弔

이 사람들은 모여서 무엇을 할까요?

● 동아리·동호회

● 인터넷 동호회

여러분은 모임을 자주 해요? 어떤 모임을 해요?

계 모임에 대해 알아봐요.

계 모임	목적
형제계	가족 행사를 위해 돈을 모으는 모임이에요. 예를 들어 부모님의 생신 잔치, 효도 여행 등에 필요한 돈을 모아요. 이를 통해 형제간의 우애도 돈독해져요.
여행계	친구들이나 직장 동료들끼리 함께 여행을 가기 위해 돈을 모으는 모임이에요. 만나면서 여행에 대한 이야기를 하고 정보도 나누어요.

여러분은 어떤 모임을 만들고 싶어요?

여러분도 모임을 만들어 보세요.

1 결혼식

한국에서는 결혼식에 참석할 때 어떻게 할까요?

한국의 결혼식에 가면 먼저 축의금을 내요. 그리고 신부 쪽 손님일 때는 신부대기실에 가서 신부와 사진을 찍어요. 본식에 참여하여 축하해 줘요. 본식이 끝나면 모두 모여 단체 사진을 찍어요. 가족, 친척, 친구들이 같이 사진을 찍어요. 그리고 결혼식이 끝나면 모두 함께 식사를 해요.

그런데 결혼식에 온 사람들의 옷 색깔이 좀 어두운 것 같아.
흰 드레스를 입은 신부가 돋보일 수 있도록 배려하는 거야.

여러분 나라에서는 결혼식에 참석할 때 어떤 옷을 입어요?

한국의 장례식에 대해서 알아볼까요?

장례는 사람이 죽었을 때 지내는 의식이에요. 정해진 절차에 따라 예의를 갖춰 행해요. 참석하기 위해 찾아온 손님들이 하는 인사를 조문이라고 해요. 조문에는 일정한 순서가 있어요. 먼저 빈소에 들어가 영정 앞에 꽃을 올리고 절을 하거나 묵념을 해요. 그 다음 상주에게 위로의 인사를 해요. 빈소를 나가면서 부의금을 내요. 부의금은 꼭 흰 봉투에 넣어서 전달해요. 빈소 밖에 나와서 상주가 대접하는 음식을 먹어요. 그러면 조문은 끝나요.

너희 나라에서는
장례식 때 어떤 옷을 입어?
우리 나라에서도 보통
검은색 옷을 입어.

여러분 나라에서는 장례식을 어떻게 해요?

한국의 돌잔치에 대해 알아봐요.

돌잔치? 그게 뭔데?

아기의 첫 번째 생일을 기념하는 행사야.

이 물건들은 뭐야?

궁금해?

아기가 마이크를 잡았어! 지금 이게 뭐 하는 거야?

돌잡이라고 하는 건데 함께 알아보자.

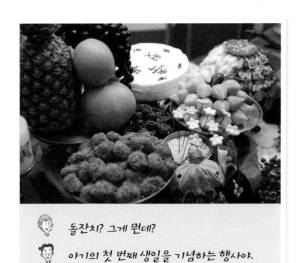

다음은 돌잡이 상에 올라가는 물건이에요.

돌잡이는 돌잔치에서 가장 중요한 순서예요. 상에 여러 가지 물건을 놓고 아기에게 고르게 해요. 아기가 잡는 물건으로 아이의 미래를 알아봐요.

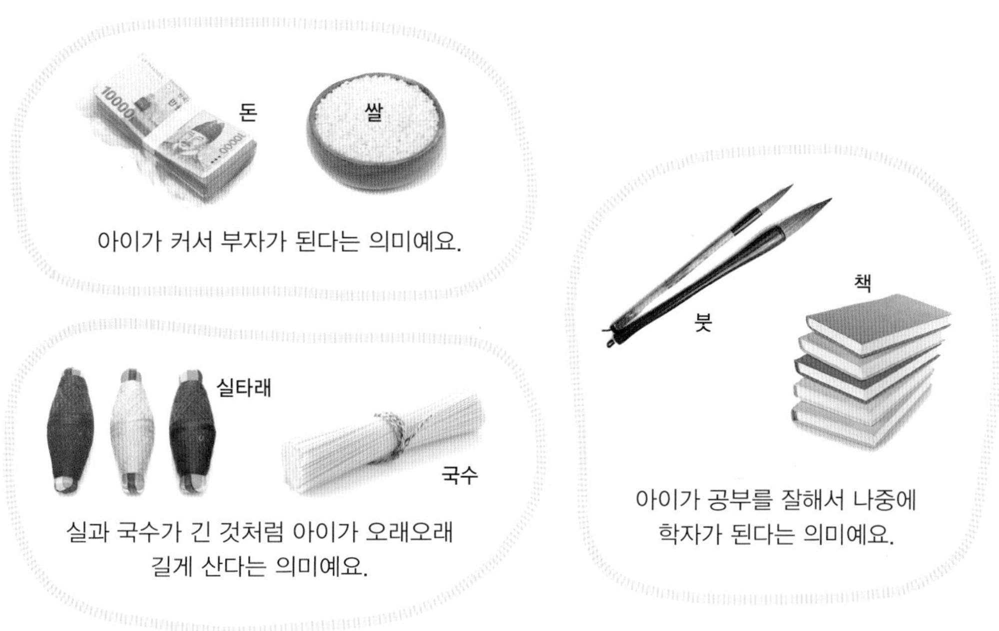

돈
쌀
아이가 커서 부자가 된다는 의미예요.
실타래
국수
실과 국수가 긴 것처럼 아이가 오래오래 길게 산다는 의미예요.
붓
책
아이가 공부를 잘해서 나중에 학자가 된다는 의미예요.

다음 물건들과 관계있는 직업을 고르세요.

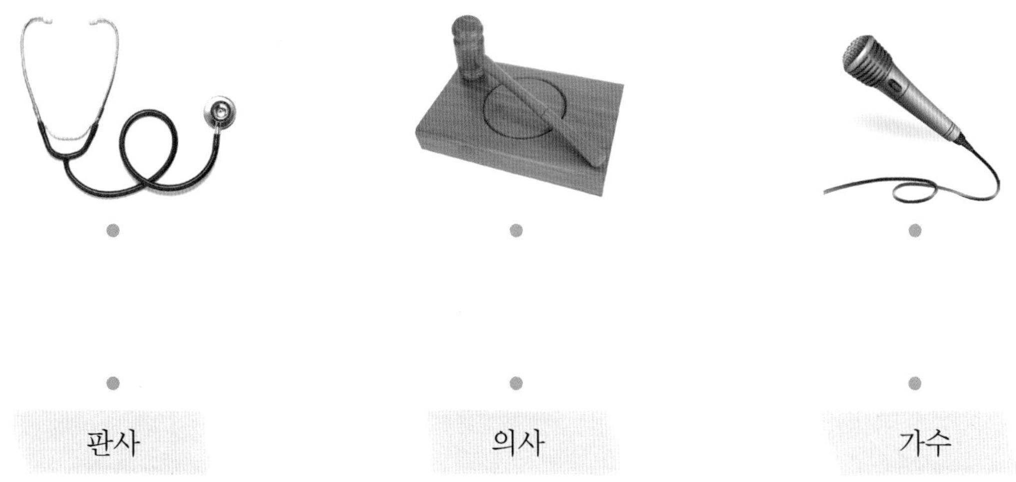

판사 의사 가수

여러분 나라에도 돌잡이 같은 것이 있어요?
만약에 여러분이라면 돌잡이 상에 무엇을 놓을 거예요?

 동아리 홍보 포스터를 만들어 볼까요?

춤사랑 동아리

우리 동아리는 춤을 사랑하는 사람들의 모임입니다.
매년 여름과 겨울에 정기 공연을 하고
학교 축제에서도 공연합니다.
춤을 좋아하는 사람이면 누구든 환영합니다.
동아리에 가입하고 싶으신 분은
동아리 회장에게 연락해 주세요.^^

- 회원 모집 기간: **3월 2일~3월 16일**
- 동아리 정기 모임: **매주 목요일 오후 5시**
- 모임 장소: **동아리 회관 B101호**
- 가입비: **10,000원**
- 연락처: **회장 김신우 010-1234-4567**

동아리 소개	춤을 사랑하는 사람들의 모임
주요 활동	매년 여름과 겨울에 정기 공연, 학교 축제에서 공연
지원 자격	춤을 좋아하는 사람
모임 시간	매주 목요일 오후 5시
모임 장소	동아리 회관 B101호
모집 기간	3월 2일 ~ 3월 16일
가입비	10,000원

동아리 홍보 포스터 만드는 거 어렵지 않네!

 여러분도 동아리 홍보 포스터를 만들어 보세요.

동아리 소개	
주요 활동	
지원 자격	
모임 시간	
모임 장소	
모집 기간	
가입비	

한국 사람들은 간식비를 어떻게 모을까요? 간식비 모으는 방법에 대해 알아봐요.

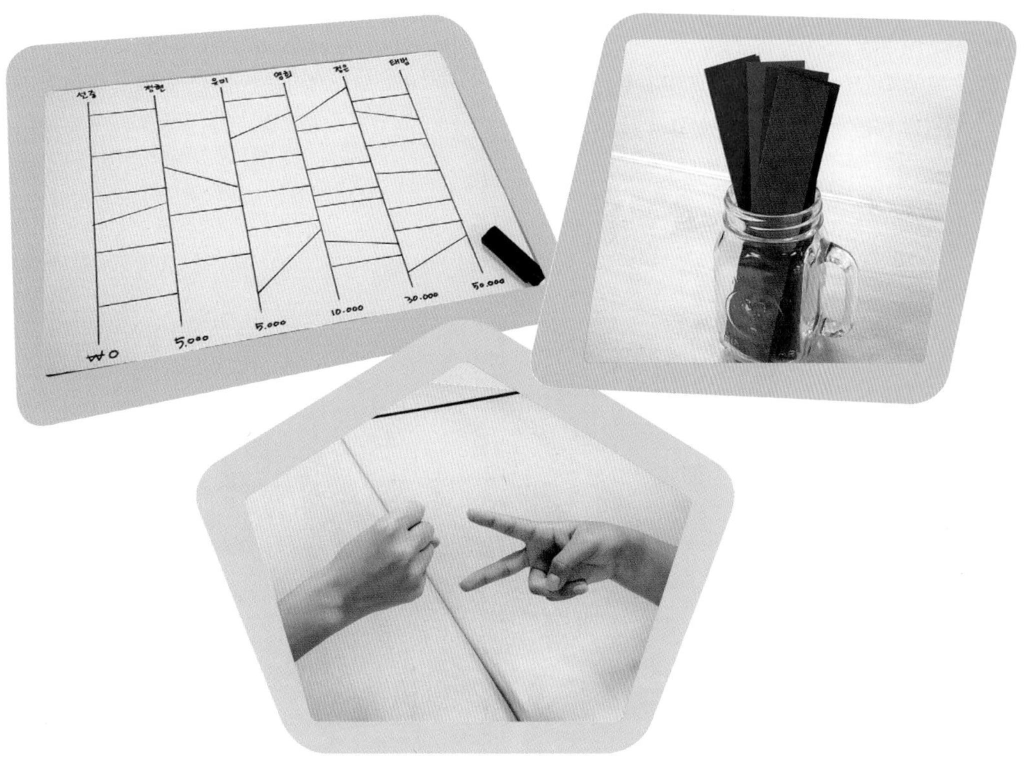

모임을 할 때 회식비나 간식비를 모으기 위해 게임을 해요. 사다리 타기, 제비뽑기, 가위바위보 등 다양한 게임이 있어요.
이 게임들을 통해 어떤 사람들은 적은 돈을 내고, 어떤 사람들은 많은 돈을 내요. 큰돈은 아니지만 게임을 통해 모임을 더욱 재미있게 할 수 있어요.

여러분 나라에서는 간식비를 걷을 때 하는 게임이 있어요?

함께 사는 사회 Living together in the society

인간 사회는 공동체를 중심으로 발달해 왔다. 한국 역시 다르지 않은데 특히 한국 사람들은 모이는 것을 매우 중요하게 여겨 옛날부터 다양한 모임을 즐겨 왔다. 혈연을 중심으로 하는 혈연 공동체부터 지역을 근거로 한 지역 공동체, 이 외에도 모임의 목적에 따른 다양한 공동체가 존재한다. 한국 사람들은 왜 이렇게 다양한 공동체를 형성하며 살고 있을까?

Human society has developed around communities. Koreans, likewise, have enjoyed social gatherings for generations, especially since they set importance on coming together. There are a wide range of communities based on kinship, region, and purpose. Why do Korean people form and live among such diverse communities?

쌀을 주식으로 하는 한국에서는 쌀농사가 매우 중요한 일이었다. 그런데 쌀농사는 많은 노동력을 필요로 하기 때문에 여러 사람들이 함께 도와야 했다. 이러한 이유 때문에 한국에서는 모임을 중시하는 사회 분위기가 생겨났다. 전통적인 사회에서는 농사를 돕기 위한 모임들이 많았다. 그 중 대표적인 것이 두레와 품앗이이다. 두레란 많은 노동력을 필요로 하는 일을 할 때, 여러 사람들이 힘을 합쳐 함께 일을 할 수 있도록 만든 일종의 노동 조직이다. 품앗이는 바쁠 때 일을 서로 도와주는 노동 방식을 말한다.

Since Koreans live on rice, rice farming was highly important in Korea. As cultivating rice is labor-intensive, it was necessary for farmers in a community to help each other. For this reason, Korean society came to value gathering together. There were lots of agricultural communities in traditional society, and *Dure* and *Pumasi* are two typical examples of such organizations. *Dure* is a term for a labor union in which people join forces for work that requires a lot of manpower, and *Pumasi* refers to the labor method of helping each other in busy situations.

동계는 동네의 일을 위하여 사람을 모으거나 돈을 모으는 모임으로 동계를 통해 사람들은 동네에 생기는 큰일을 함께 해결해 나갔다. 보부상은 보상과 부상의 합성어로 여러 지역을 돌아다니며 장사를 하는 영세 상인들을 말한다. 보상은 사치품을 파는 상인이고 부상은 생필품을 파는 상인을 말한다. 이들은 개인이 여러 지역을 옮겨 다니며 물건을 팔기 때문에 다양한 위험에 노출되어 있었다. 그래서 보부상 조합을 만들어 서로를 도우며 함께 활동하였다.

Donggye was a group that raised funds or gathered people together for affairs in the village, and the villagers manage major issues and events together through *Donggye*. *Bobusang*, a compound word formed from *Bosang* and *Busang*, refers to small-scale traveling merchants who moved from town to town. *Bosang* were merchants selling luxury items and *Busang* sold daily necessities. Since they faced various dangers as individuals traveling around to sell products, they formed associations and helped protect each other against the risks associated with their trade.

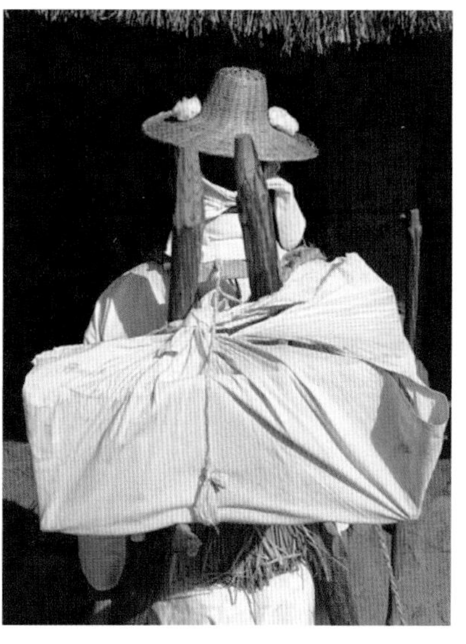

향교

양반들은 서원이나 향교를 통해 자신들만의 학파를 이루었다. 같은 학파의 동문들은 동문회뿐만 아니라 정당을 이루며 사회, 경제, 정치 등에 다양한 영향을 미쳤다.

Aristocrats formed their own school based on Confucian educational institutions, *Seowon* (private school) and *Hyanggyo* (provincial school). Alumni of the same school organized alumni associations and formed a political party, which influenced society, the economy, and politics.

서원

현대에 와서는 과거의 모임들이 형태를 바꾸어 이어져 왔는데, 품앗이의 경우 여전히 농촌 지역의 풍습으로 남아 바쁠 때 서로를 돕는 생활 양식으로 이어지고 있다. 그러나 과거와 달리 요즘은 노동의 대가를 노동으로만 갚지는 않고 돈이나 필요한 물건을 나누는 것으로 대신하기도 한다.

두레는 협동조합의 형태로 변화하여 함께 농사를 짓고 상품을 개발하여 파는 형태로 변화하였다.

The different forms of these communities still exist. *Pumasi* endures in the custom of helping each other during busy seasons in the rural areas. In contrast to the past, however, people do not only exchange labor, but also share money or necessary commodities for the price of labor. *Dure* has changed into a form of Cooperative Union, in which people farm together and make products and sell them together.

동계의 경우 현대의 계 모임이란 개념으로 변화하였는데, 공통의 목적을 이루기 위해 주로 돈을 모으는 모임을 말한다. 서원이나 향교에 있던 '학파'는 '동문'의 개념이 더욱 커져 같은 학교를 졸업한 사람들이 선후배, 동기 간 모임을 개최하여 결속력을 높여 가고 있다. 이를 '동문회' 또는 '동창회'라고 한다.

Donggye has changed into *Gyemoim* in modern practice, which refers to a group of people that raise private funds for a common cause. The meaning of "school" from same *Seowon* or *Hyanggyo* has been expanded to the concept of "*alumni*." Nowadays, graduates from the same school hold meetings to enhance their solidarity. These meetings are now called *Dongmunhoe* or *Dongchanghoe*, which means allumni associations.

인터넷상에서의 모임은 이미 많이 대중화된 상태이지만, 앞으로 스마트폰이나 SNS를 통해 더욱 널리 퍼질 것으로 예상된다.

Online communities have already become popular, and will continue to gain popularity through smartphones and Social Network Services (SNS).

한국 사람들의 모임

이번 단원에서 배운 내용을 확인해 봐요.

1 이번 단원에서 배운 내용을 확인해 보고 빈칸을 채워 보세요.

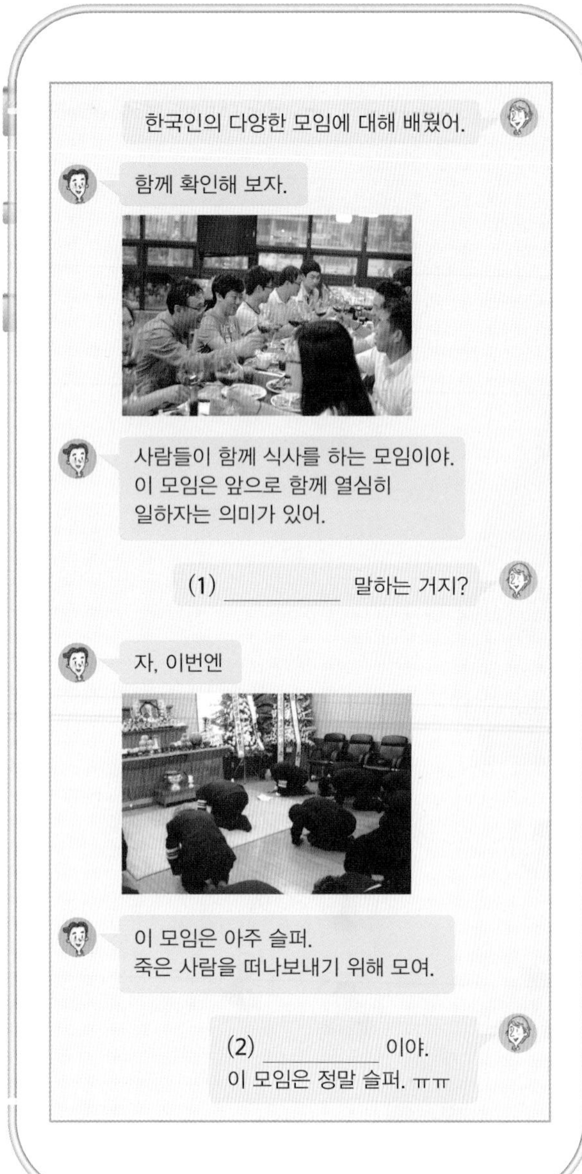

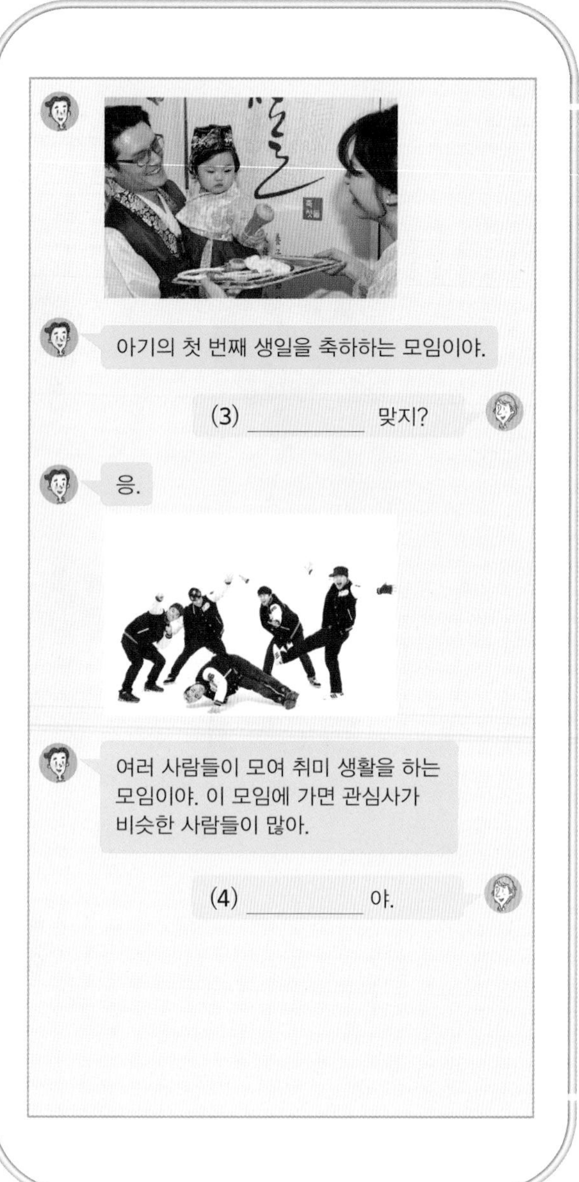

2 다음은 돌잡이 상에 놓는 물건이에요. 그 의미가 잘못된 것을 고르세요.

① 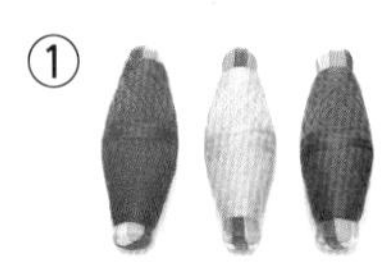 오래 살 거예요.

② 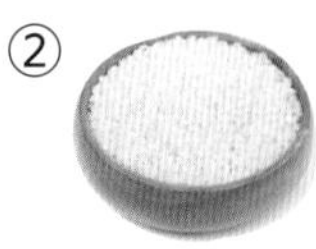 부자가 될 거예요.

③  잘 먹을 거예요.

④  공부를 잘할 거예요.

부록

정답

자료 출처

정답

1과 한국인의 인사법

1 (1) 안녕하세요? 처음 뵙겠습니다.
(2) 잘 먹겠습니다.
(3) 안녕히 주무세요.

2 ③

2과 한국인의 화폐

1 (1) 이황
(2) 이이
(3) 세종대왕
(4) 신사임당

2 (1) 신용 카드
(2) 모바일 카드

3 (1) 햄버거 세트: 5,300원
(2) 커피 한 잔: 4,100원

3과 한국의 사계절

1 (1) 여름, 부채 (2) 겨울, 전기장판

2 (1)-③-㉮
(2)-④-㉱
(3)-①-㉰
(4)-②-㉯

4과 한국인의 주말 활동

1 (1) 소풍 (2) 노래방

2 (1) ③ (2) ① (3) ②

3 땀을 흘리면서 피로를 풀어요. / 구운 계란과 식혜 같은 간식을 먹어요. / 미역국도 먹을 수 있어요.

5과 한국 음식

1 (1) 미역국
(2) 떡국
(3) 송편
(4) 팥죽

2 – 존슨(식사 중에 코를 풀면 안 돼요.)
– 유키(밥그릇을 들고 먹으면 안 돼요. 그리고 한국 사람들은 밥을 먹을 때 숟가락을 사용해요.)
– 미진(숟가락과 젓가락을 동시에 사용하면 안 돼요.)

6과 한국의 대중교통

1 택시, 기차

2 노약자(노인, 어린이, 장애인 등), 임산부

3 환승 제도

7과 한국의 여행지

1 (1) ① (2) ③ (3) ②

2 (1) 전주 (2) 부산

8과 한국 사람들의 모임

1 (1) 회식
(2) 장례식
(3) 돌잔치
(4) 동아리

2 ③

자료 출처

2과 한국의 화폐

- 1950년 천 원권, 깊이 알기 40쪽, 한국조폐공사 화폐박물관 http://museum.komsco.com
- 이황 영정, 깊이 알기 41쪽, 한국학중앙연구원 http://www.aks.ac.kr
- 도산서원, 깊이 알기 41쪽, 한국문화관광연구원 http://www.kcti.re.kr
- 오죽헌, 깊이 알기 41쪽, 한국문화관광연구원 http://www.kcti.re.kr
- 신사임당초충도병 전폭, 깊이 알기 41쪽, 문화재청 http://www.cha.go.kr
- 훈민정음 해례본, 깊이 알기 42쪽, 국립한글박물관 http://www.hangeul.go.kr
- 이순신 영정, 깊이 알기 43쪽, 박물관 포털 e 뮤지엄 http://www.emuseum.go.kr

3과 한국의 사계절

- 진해 군항제 포스터, 두루 알기 53쪽, 진해 군항제 축제 담당 http://gunhang.changwon.go.kr
- 보령 머드축제 포스터, 두루 알기 53쪽, 보령 머드축제위원회 http://www.mudfestival.or.kr
- 장성 백양 단풍축제 포스터, 두루 알기 53쪽, 장성시 축제 관리위원회 http://www.baekyangsa.or.kr
- 태백산 눈축제 포스터, 두루 알기 53쪽, 태백시청 관광문화과 http://festival.taebaek.go.kr

기획 담당
장미경 세종학당재단 콘텐츠지원부 부장
박성민 세종학당재단 콘텐츠지원부 과장
김재경 세종학당재단 교류협력부 대리
석주영 세종학당재단 콘텐츠지원부 주임

집필진
박석준 배재대학교 한국어문학과/연세대학교 문학 박사
심혜령 배재대학교 한국어문학과/연세대학교 문학 박사
정명숙 부산외국어대학교 한국어문학부/고려대학교 문학 박사
윤 영 호남대학교 한국어학과/연세대학교 문학 박사
오지혜 세명대학교 한국어문학과/서울대학교 교육학 박사

연구 보조원
이영조 배재대학교 글로벌교육부/배재대학교 문학 박사
송선정 서무대학교 한국어교육원/배재대학교 박사 수료
황성은 배재대학교 글로벌교육부/ 배재대학교 박사 수료
이선중 배재대학교 한국어교육원/배재대학교 박사 수료
문정현 배재대학교 미래역량교육부/ 배재대학교 박사 수료
김윤경 부산외국어대학교 한국어문화교육원/부산외국어대학교 박사 수료
최영희 서울교육대학교/ 배재대학교 석사 수료

내용 감수
권태효 국립민속박물관 학예연구관/경기대학교 문학 박사

영어 번역
백승현 고려대학교 정치외교학과

영어 감수
강수자 배재대학교 영어영문학과/The State University of New York at Buffalo 영어교육 박사
Kimberly Hogg 배재대학교 영어영문학과/Memorial University of Newfoundland 석사

세종 한국문화 ❶

기획 세종학당재단
펴낸이 정규도
펴낸곳 다락원

초판 1쇄 인쇄 2017년 4월 24일
초판 5쇄 발행 2022년 11월 21일
책임편집 이숙희, 한지희, 김숙희
디자인 김나경, 구수정, 함동춘

다락원 경기도 파주시 문발로 211
내용 문의: (02)736-2031 내선 420~426
구입 문의: (02)736-2031 내선 250~252
Fax: (02)732-2037
출판등록 1977년 9월 16일 제406-2008-000007호

값 13,000원
ISBN 979-11-277-85872-24-7 93710
979-11-85872-70-4 (세트)

http://www.darakwon.co.kr
http://koreanbooks.darakwon.co.kr
다락원 홈페이지를 방문하시면 상세한 출판 정보와 함께 MP3 자료 등 다양한 어학 정보를 얻으실 수 있습니다.

세종학당재단
www.ksif.or.kr
http://www.sejonghakdang.org
누리-세종학당 홈페이지를 방문하시면 한국어·한국문화 학습 자료를 이용하실 수 있습니다.